AF216975

1 Zerlege!

600		700		1000		800	
560		430		2		4	
180		250		20		14	
90		70		200		344	
572		618		202		604	
275		326		220		794	

2 Rechne mit Pfiff!

$536 + 27 + 13$ $840 - 52 - 40$
$418 + 86 + 42$ $752 - 26 - 26$
$704 + 96 + 88$ $318 - 32 - 18$

L: 268, 546, 576, 700, 748, 888

3

$235 + 362$ $493 + 207$ $567 + 178$ $247 + 84 + 323$ $806 + 120 + 74$

L: 597, 654, 700, 745, 1000

4

$785 - 342$ $932 - 218$ $1000 - 468$ $475 - 564$ $834 - 378$

L: 443, 456, 532, 714, n.l.

5 Überschlage zuerst, dann rechne schriftlich!

Ü: $356 + 278$ Ü: $406 + 488$ Ü: $858 - 236$ Ü: $724 - 587$ Ü: $438 - 516$

Ü: $428 + 472$ Ü: $1000 - 746$ Ü: $806 - 379$ Ü: $376 + 376$ Ü: $960 - 409$

L: 137, 254, 427, 551, 622, 634, 752, 894, 900, n.l.

Wiederholung: Multiplizieren und Dividieren bis 1000

1 a)

8 · 8			3 · 17			330 · 3		
60 · 8			7 · 80			270 · 3		
5 · 7			5 · 16			490 · 2		
40 · 6			4 · 19			150 · 4		
20 · 0			9 · 13			120 · 7		

L: 0, 35, 51, 64, 76, 80, 117, 240, 480, 560, 600, 810, 840, 980, 990

b)

63 : 9			96 : 8			270 : 3		
630 : 90			91 : 7			490 : 7		
42 : 7			72 : 6			810 : 9		
420 : 7			99 : 9			440 : 4		
24 : 6			80 : 5			540 : 6		
240 : 60			56 : 4			560 : 8		

L: 4, 4, 6, 7, 7, 11, 12, 12, 13, 14, 16, 60, 70, 70, 90, 90, 90, 110

2 Rechne! Trage dann die Ergebnisse als Zahlwörter ein!

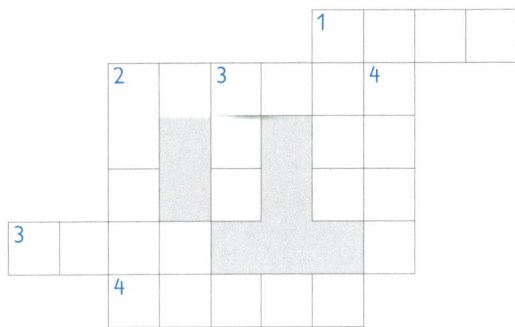

waagerecht:

1	90 ·	= 180
2	25 ·	= 175
3	80 ·	= 640
4	90 ·	= 540

senkrecht:

1	91 ·	= 910
2	40 ·	= 240
3	50 ·	= 550
4	70 ·	= 630

3

7 · 9			27 : 9			3 · 5 · 2		
14 · 5			180 : 6			9 · 8 · 0		
30 · 8			280 : 70			1 · 6 · 8		
28 · 3			120 : 3			3 · 6 · 5		

L: 0, 3, 4, 30, 30, 40, 48, 63, 70, 84, 90, 240

4

h	1	3	5	7	9
km	24				

Ergänze!

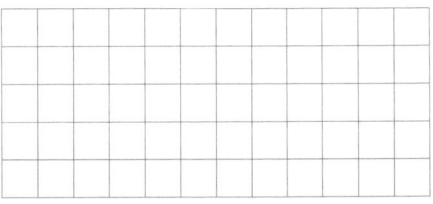

Wiederholung: Multiplizieren und Dividieren bis 1000

1

Ü: 486 · 2   Ü: 253 · 3   Ü: 312 · 3

Ü: 406 · 2   Ü: 109 · 8   Ü: 302 · 3

L: 759, 812, 872, 906, 936, 972

2 Rechne! Was fällt dir auf?

124 : 4   248 : 4   496 : 4

848 : 2   848 : 4   848 : 8

3 Wo stecken die Fehler? Streiche sie durch und berichtige!

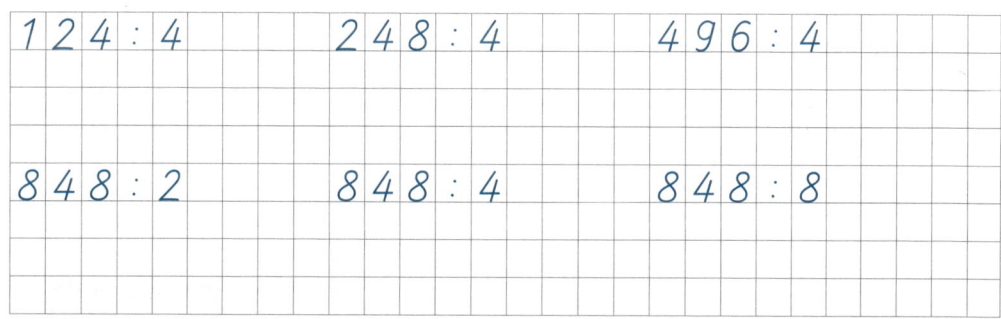

284 : 4 = 74	186 : 3 = 52	264 : 6 = 44
280 : 4 = 70	180 : 3 = 50	240 : 6 = 40
4 : 4 = 1	6 : 3 = 2	24 : 6 = 4

4
a) Berechne den 6. Teil von 540!

b) Berechne das Neunfache von 34!

c) Multipliziere 88 mit 3! Dividiere dann durch 6!

d) Multipliziere die Hälfte von 480 mit 3!

L: 44, 90, 306, 720

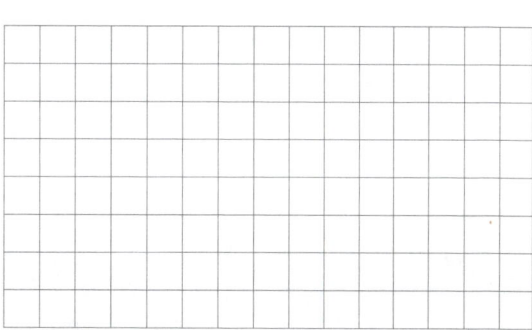

Rechenmuster

1

2 3 9 + 7		6 4 2 − 5	
2 3 9 + 7 7		6 4 2 − 5 0	
2 3 9 + 7 7 7		6 4 2 − 5 0 0	

1 7 8 + 6		4 3 3 − 4	
1 7 8 + 6 0		4 3 3 − 4 0	
1 7 8 + 6 0 0		4 3 3 − 4 0 0	

3 1 7 + 5		9 6 4 − 8	
3 1 7 + 5 5		9 6 4 − 8 0	
3 1 7 + 5 5 5		9 6 4 − 8 0 0	

L: 33, 142, 164, 184, 238, 246, 316, 322, 372, 393, 429, 592, 637, 778, 872, 884, 956, 1016

2

301					310
		345	346		
		355	356		
391					400

Male das Muster
farbig aus!
Bilde dann passende
Rechenaufgaben
und löse sie!

Aufgaben mit verschiedenen Rechenarten

1 Ordne den Bildern passende Aufgaben zu und rechne dann!

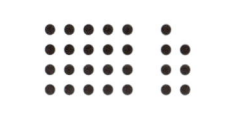  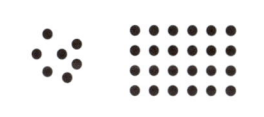

☐ · 5 + ☐ = ☐☐   ☐ + ☐ · 7 = ☐☐   ☐ + ☐ · ☐ = ☐☐

2 a)

7 · 5 +	3	
8 · 3 −	4	
3 5 − 3 ·	5	
6 9 − 6 · 1 0		
3 8 + 2 ·	7	
4 2 − 3 ·	6	

b)

3 · 2 0 ₵ + 1 · 2 ₵		
6 · 1 0 ₵ + 4 · 5 ₵		
7 · 2 ₵ + 9 · 5 ₵		
4 · 2 € − 8 ₵		
1 2 · 5 ₵ − 9 ₵		
8 · 5 € − 5 ₵		

3 a)

8 · 4 + 2 · 4
6 · 5 + 7 · 5
8 · 9 + 2 · 9
4 · 6 + 3 · 6

7 · 6 − 2 · 6
9 · 4 − 4 · 4
8 · 5 − 3 · 5
6 · 7 − 5 · 7

b)

3 · (1 8 + 2 2)
5 · (9 4 − 7 6)
(6 4 + 3 5) : 9
(9 8 − 2 1) : 7
(7 2 − 3 7) : 5

(1 3 0 + 5 0) · 2
6 4 : (1 7 − 3)
(4 4 + 3 2) : 2
(1 9 2 − 6 7) · 5
4 · (1 0 9 − 3)

4 Rechne! Unterstreiche immer die Teilaufgabe, mit der du beginnst!

8 · 4 0 − 2 5 0
7 · 1 0 − 1 5 0
4 · 6 0 − 4 0 0
8 1 0 + 6 0 : 2
(5 2 0 + 0) : 1 0
4 8 : 8 + 1 4 4

3 0 0 + 3 · 1 2 0
8 1 0 : (4 5 − 3 6)
5 6 0 : 7 + 1 4 2
(9 1 9 − 1 9 9) : 3
(2 1 9 − 1 9 9) · 3
(2 5 3 + 1 0 7) : 6

Gleichungen, Ungleichungen, Rechenrätsel

1 Löse! Du kannst auch Zahlen legen oder am Zahlenstrahl darstellen.

a) 210 + ☐ = 278   ☐ + 360 = 613   215 = ☐ + 431

720 − ☐ = 501   ☐ − 140 = 738   109 = ☐ − 269

b) 30 · ☐ = 240   ☐ · 12 = 84   320 = 20 · ☐

480 : ☐ = 6   ☐ : 9 = 16   25 = ☐ : 8

---

2 Gib immer die kleinste und die größte Lösungszahl an!

a) 411 + ☐ < 501   ☐ − 7 < 777   611 > 588 + ☐

b) 60 · ☐ < 200   150 : ☐ < 80   100 > ☐ : 10

3

a) Welche Zahlen zwischen 100 und 150 sind Zehnerzahlen und Vielfache von 4?

b) Welche gerade Zahl zwischen 90 und 100 ist die Summe von 3 aufeinanderfolgenden Zahlen?

c) Das Produkt von 3 aufeinanderfolgenden Zahlen ist 990. Wie heißen die Zahlen?

Körper, Flächen, Linien, Wege

1 Welche Körper können von einer Seite so aussehen?

a)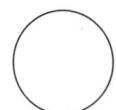

b)

c)

d)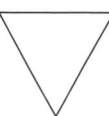

_____ _____ _____ _____

_____ _____ _____ _____

_____ _____ _____ _____

2 Ergänze zu

a) einem Dreieck mit zwei gleich langen Seiten,

b) zu zwei Kreisen!

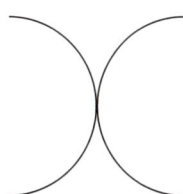

3

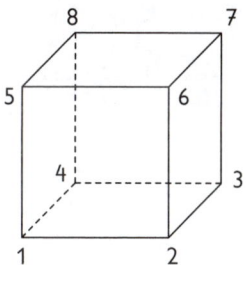

a) Finde Rundwege entlang der Kanten und über alle Ecken! Jede Ecke soll nur einmal vorkommen. Beginne und ende immer an der Ecke 1! Schreibe jeweils den Weg auf!

1. Rundweg: _1→5_____

2. Rundweg: _____

3. Rundweg: _____

b) Tim kippt den Würfel nach rechts. Welche Ecke ist nun

vorn – oben – rechts, _____

hinten – unten – links, _____

vorn – oben – links? _____

c) Lea kippt den Würfel zweimal nach links. Welche Ecke ist nun

vorn – unten – links, _____

hinten – oben – rechts, _____

vorn – unten – rechts? _____

Große Zahlen

1 Ergänze!

Anzahl der Würfel	Höhe des Würfelturms
1	1 cm
2	2 cm
100	m
1000	m
10 000	m
100 000	m
1 000 000	m

Anzahl der Mäuse	Gewicht der Mäuse
1	6 g
10	g
100	g
1000	kg
10 000	kg
100 000	kg
1 000 000	kg

ACHTUNG EINHEITEN

2 Ergänze!

10 l Wasser füllen ___1___ Eimer.

100 l Wasser füllen _____ Eimer.

1000 l Wasser füllen _≈4_ Badewannen.

10 000 l Wasser füllen _____ Badewannen.

100 000 l Wasser füllen _____ Badewannen.

1 000 000 l Wasser füllen _____ Badewannen.

3 a) Was ist ungefähr so teuer? Gib immer ein Beispiel an!

1000 € _____

10 000 € _____

100 000 € _____

1 000 000 € _____

b) Was dauert etwa so lange? Nenne immer ein Beispiel!

1000 s _____

10 000 s _____

100 000 s _____

1 000 000 s _____

1 a)

T	H	Z	E

b)

T	H	Z	E

c)

T	H	Z	E

2 a)

ZT	T	H	Z	E	Zahl
	•••••	•••••• •	•	••	
	••	••••	•••••	•••	
	••••• •	•	••	•••••• ••	
•					
					2 4 3 5
					7 1 0 6

b) Welche Zahl entsteht, wenn du bei der ersten Zahl

    – an der Zehnerstelle 1 Punkt dazumalst,

    – an der Hunderterstelle 2 Punkte streichst?

3 Schreibe als Summe!

$$2\,384 = 2 \cdot 1000 + 3 \cdot 100 + 8 \cdot 10 + \underline{} \cdot 1$$

8	1	6	5
9	3	4	0
6	4	3	2
	7	9	0
1	0	2	8
4	4	0	0

4 Setze so fort!

a) *2 185, 2 186, 2 187,*

b) *1 100, 1 200, 1 300,*

c) *4 300, 4 310, 4 320,*

1 a) Sprich mit deinen Mitschülern über die Zahlen in der Tabelle!

HT	ZT	T	H	Z	E	Zahl
••	••••	•••••• ••	•••	•••••	••••• ••• ••••	
	•	••	••••	•	••• •••••	
•	•••••	••		••••• ••	•	
•••••		•••	••••• •	••••		
						1 3 5 4 2 6
						8 7 0 5 3

b) Welche Zahl entsteht, wenn du bei der ersten Zahl
   – an der Zehnerstelle 2 Punkte dazumalst, ⬚
   – an der Tausenderstelle 2 Punkte streichst? ⬚

2 Schreibe als Summe!

4 2 5 1 6 8	= 4 HT +	ZT +	T +	H +	Z +	E
3 9 6 7 0 4						
1 3 5 2 5						
7 6 8 2 3 0						
6 8 0 9						

3 Setze so fort!

a) *36 095, 36 096, 36 097,* _____

_____

b) *88 000, 88 100, 88 200,* _____

_____

c) *57 000, 58 000, 59 000,* _____

_____

4   Maria hat markiert, wo die Zahlen etwa liegen.
Ordne zu!

a) 1452   1867   1098

b) 34 777   39 301   32 674   36 705

 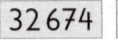

  1 000   *2 000*

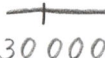 *30 000*   *40 000*

Vielfältiges Darstellen der Zahlen bis 1 000 000

1 a)

M	HT	ZT	T	H	Z	E	Zahl
	••	••••	••••• •••	•	•••	•••••	
•						••••	
	••••	••••• ••	••	••••• ••••			
							8 4 1 5 3 6
							3 0 2 4 0 1

b) Welche Zahl entsteht, wenn du bei der ersten Zahl an der Hunderterstelle 1 Punkt dazumalst? _____

2 a)

M	HT	ZT	T	H	Z	E	Zahl
	3	5	2	4	8	9	
			4	1	7	5	
							9 9 8 0 7 9
							5 0 1 3 4
							8 6 3 7 2 6

b) Welche Zahl entsteht, wenn du bei der ersten Zahl an der Zehnerstelle 8 durch 1 ersetzt? _____

3

einhundertfünfunddreißigtausendsechshundertneun						
vierhunderttausendachthunderteinundsiebzig						
	1	0	0	0	0	0
	5	1	2	0	0	0

4 Ergänze!

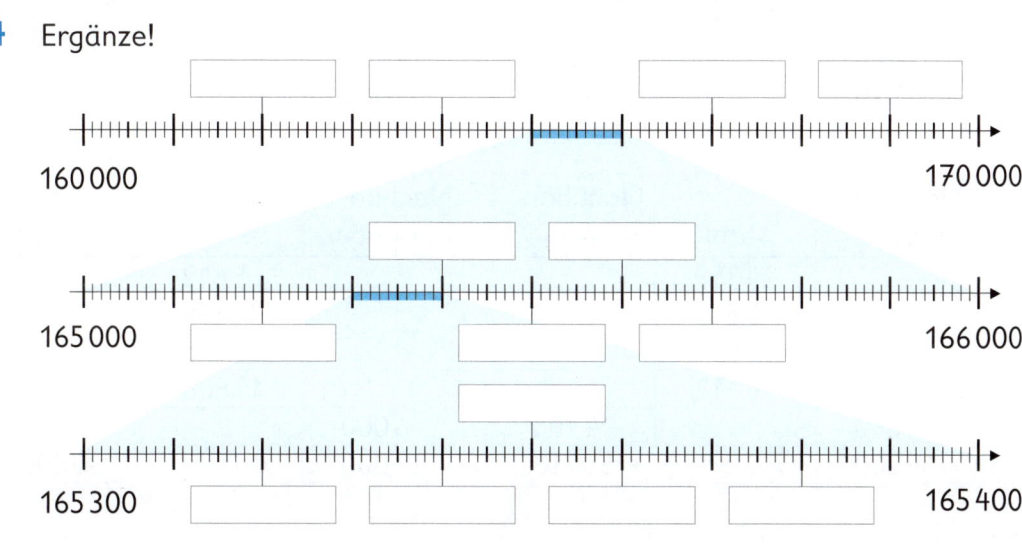

160 000 ... 170 000

165 000 ... 166 000

165 300 ... 165 400

Nachbarzahlen, Nachbarzehner, -hunderter, -tausender

1

							M	HT	ZT	T	H	Z	E
	1	2	6	4	1	5		•	••	••••• •	••••	•	•••••
Nachfolger													
nachfolgende Zehnerzahl													
nachfolgende Hunderterzahl													
nachfolgende Tausenderzahl													

2 Ergänze! Du kannst auch einen Zahlenstrahl nutzen.

Vorgänger				
Zahl	35184	89000	100000	77119
Nachfolger				

Vorgänger	7000		72899	
Zahl				
Nachfolger		35671		80000

3

Nachbar-zehner	Zahl	Nachbar-zehner		Nachbar-hunderter	Zahl	Nachbar-hunderter
	6213				7452	
	999				84920	
	72431				11573	
	33333				3921	
7280		7290		12400		12500
10320		10330		55000		55100

4

Nachbar-zehner	Zahl	Nachbar-zehner		Nachbar-tausender	Zahl	Nachbar-tausender
	24359				5642	
	5801				44899	
	69456				6915	
	96112				19808	
4690		4700		6000		7000
55200		55210		29000		30000

Vergleichen und Ordnen der Zahlen bis 1 000 000

1 Vergleiche! Du kannst auch die Stellenwerttafel nutzen.

		726 ○ 205 192
47 098 ○ 8 634
40 101 ○ 189 654
5 234 ○ 71 482
916 054 ○ 29 328
4 713 ○ 47 601

HT	ZT	T	H	Z	E

2 <, > oder = ? Du kannst auch den Zahlenstrahl nutzen.

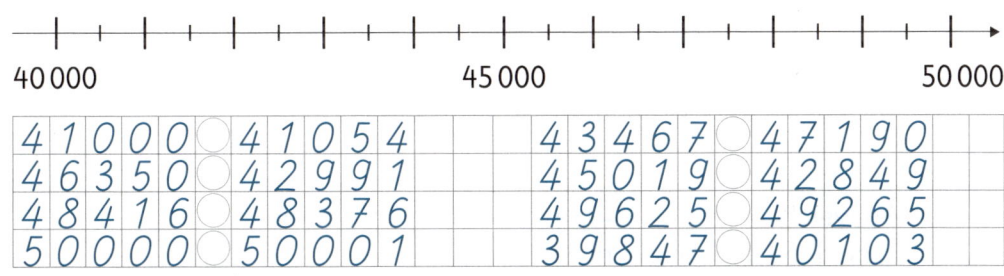

40 000   45 000   50 000

41 000 ○ 41 054	43 467 ○ 47 190
46 350 ○ 42 991	45 019 ○ 42 849
48 416 ○ 48 376	49 625 ○ 49 265
50 000 ○ 50 001	39 847 ○ 40 103

3 Vergleiche!

1 287 ○ 39 480	621 531 ○ 623 402
50 006 ○ 8 137	87 205 ○ 872 050
28 914 ○ 419	42 490 ○ 24 609
76 543 ○ 84 916	110 111 ○ 111 011
58 128 ○ 47 504	742 355 ○ 748 250
24 611 ○ 74 611	851 624 ○ 812 542

4 Bilde zu jeder Zahl die Spiegelzahl! Vergleiche dann beide Zahlen!

13 462 ○ 26 431	230 511 ○
5 876 ○	167 654 ○
41 254 ○	345 543 ○

5 a) Verbinde von der kleinsten zur größten Zahl mit Pfeilen!

2 431   82 694   5 165

82 419   70 000   89 190

b)

das Doppelte von 20 000	○	die Hälfte von 100 000
2 115	○	MMM
1 020	○	MXX

Diagramme

1 Anne hat ein Diagramm zu den Zeiten ihrer Hausaufgaben für Deutsch und Mathematik angefertigt:

Zeit in min

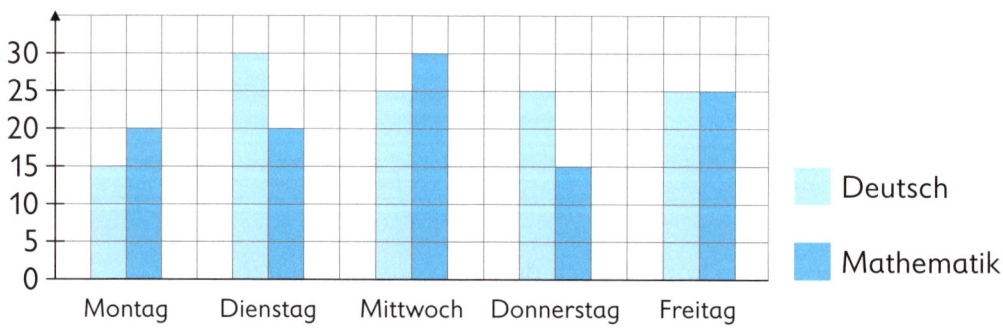

a) Wie viele Minuten hat Anne am Montag für ihre Hausaufgaben in Deutsch und Mathematik insgesamt benötigt?

b) An welchem Tag benötigte sie für die Hausaufgaben in beiden Fächern die meiste Zeit?

c) Wie viel Zeit benötigte Anne für ihre Hausaufgaben in Deutsch und Mathematik in der Woche insgesamt?

2 Fertige ein Diagramm zu deinen Zeiten für die Hausaufgaben in Deutsch und Mathematik in einer Woche an!

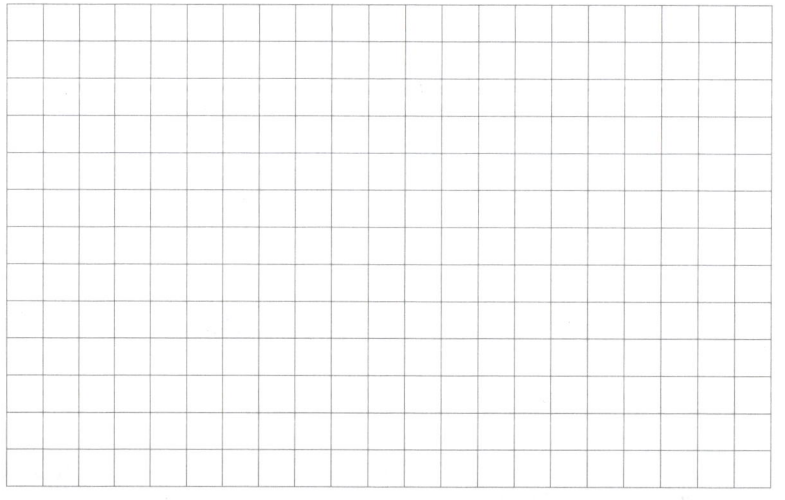

Vergleiche mit Annes Diagramm!

Näherungswerte

1

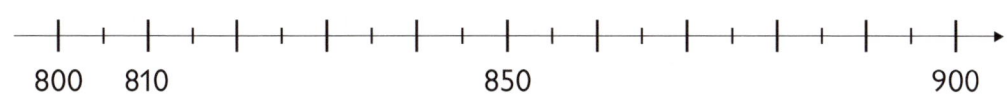

800   810   850   900

a) Runde auf das Vielfache von 10! Du kannst auch den Zahlenstrahl nutzen.

8 0 7 ≈	8 2 9 ≈	8 2 4 ≈
8 3 2 ≈	8 5 1 ≈	8 2 5 ≈

b) Tim hat auf 890 gerundet.
Die genaue Zahl könnte sein: _____

2 a) Runde auf Vielfache
von 100 €!

8 1 5 € ≈	€
3 6 7 2 € ≈	€
5 9 0 8 € ≈	€
7 6 4 € ≈	€
1 9 9 9 € ≈	€
4 3 9 9 € ≈	€

b) Runde die Besucherzahlen eines
Zoos auf Vielfache von 1 000!

1 5 7 1 9 ≈	
8 4 4 0 ≈	
1 1 6 7 2 ≈	
1 2 4 3 8 ≈	
1 9 3 6 4 ≈	
1 9 5 0 3 ≈	

3   Ergänze die Tabelle!

	gerundet auf			
	Zehner-zahlen	Hunderter-zahlen	Tausender-zahlen	Zehntausender-zahlen
17 439				
84 235				
62 051				
49 106				

4   Schätzt! Beachtet: Manchmal kann man keine genauen Zahlen,
sondern nur Näherungswerte angeben.

a) Wie lang wäre die Strecke, wenn
sich alle Kinder eurer Schule
hintereinander aufstellen würden?

b) Wie viele Fahrzeuge könnten in
einem 1 km langen Stau auf einer
zweispurigen Autobahn stehen?

Einheiten der Länge

1 Ordne die Größenangaben! Beginne mit der kleinsten!

| 1 m | 1 km | 1 cm | 1 mm | 1 dm |

---

2 Wandle um!

5 0	cm	=		dm
4	cm	=		mm
8 0	mm	=		cm
9	m	=		dm
2	dm	=		cm

1,5 1	m	=			cm
2,0 4	m	=			cm
5 2 0	mm	=			cm
3 9 0	mm	=			cm
1 2	dm	=			cm

3 Ordne!

a) Beginne mit der kürzesten Strecke!

| 7,51 m | 922 mm | 604 cm | 6,40 m | 725 cm | 2 dm 5 cm |

b) Beginne mit der längsten Strecke!

| 8 001 m | 8,1 km | 4 km 12 m | 4120 m | 4,120 km | 42 000 dm |

4 Ergänze die Tabelle!

Stofflänge	Preise je Stoff		
1 m	6,00 €	8,50 €	10,50 €
4 m			
12 m			
2,50 m			

5 Ist der Hut höher als die Krempe breit ist? Kreuze an!

○ ja
○ nein

1

Mehlschwalbe

Albatros

Storch

Mauersegler

Kanadaschnepfe

Paul hat mögliche Flugstrecken einiger Zugvögel erkundet und in eine Tabelle geschrieben.

a) Ergänze die Tabelle!

Zugvogel	Flugstrecke etwa in 1 h	Flugstrecke etwa in $\frac{1}{2}$ h	Flugstrecke etwa in 2 h
Mehlschwalbe	43 km		
Mauersegler	32 km		
Kanadaschnepfe	7 km		
Albatros	24 km		
Storch	70 km		

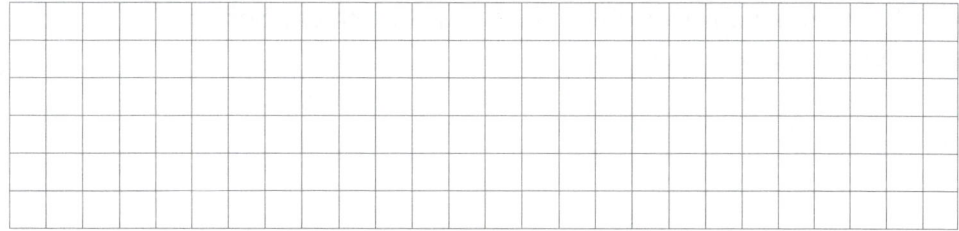

b) Erfinde zu den Flugstrecken der Vögel eine Rechengeschichte und rechne!

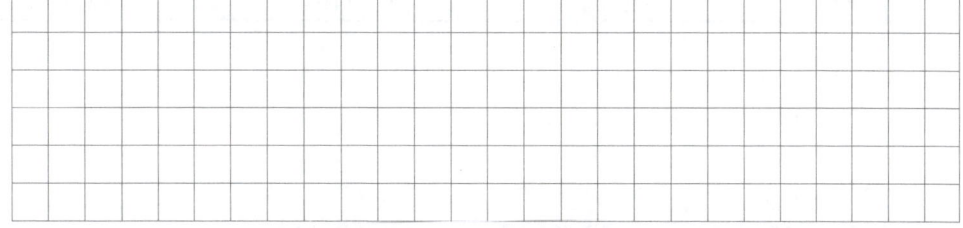

c) Erkunde weitere Flugstrecken von Zugvögeln!

Aus der Knobelkiste

1 **a)** Präge dir die Zahlen des linken Zahlenfeldes in 40 Sekunden ein!
Dann decke das Zahlenfeld ab und trage die Zahlen
in das rechte Feld ein! Vergleiche!

2	18	16	4					
10	82	64	10					
8	12	14	6					

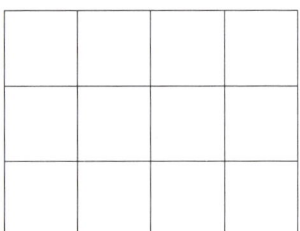 **b)** Sprecht über eure Merkstrategien!

2 Welche dieser Zahlen passt nicht zu den übrigen?
Begründe und schreibe eine weitere
passende Zahl dazu!

5 422
1 317
55 021
661
4 423
535

_____

_____

_____

_____

3 Finde acht verschiedene einstellige Zahlen, für die gilt:
Die Summe aus vier dieser Zahlen ist gleich der Summe
der vier anderen Zahlen.

_____

_____

_____

4 Wo ist nun die 6?
Kippe den Würfel in Gedanken! Beobachte dabei die 6!

1. Schritt	2. Schritt	3. Schritt	Die 6 ist nun …
nach vorn			
nach rechts	nach hinten		
nach links	nach vorn		
nach hinten	nach hinten	nach rechts	
nach vorn	nach links	nach vorn	
nach vorn	nach rechts	nach hinten	
nach hinten	nach rechts	nach rechts	

Addieren und Subtrahieren bis 1000 000

1 Welche Zahl entsteht, wenn du die Karten stellengerecht übereinanderlegst?

a)
4 0 0 0	
	8	6 0 0
	3 0	

b)
9 0	9 0 0
8	8 0 0 0
8 0 0 0 0	

c)
5	6 0 0 0
1 0	3 0 0
7 0 0 0 0 0	

_____   _____   _____

2

$5600 + 3000$
$4000 + 2700$
$8900 + 600$
$2300 + 5800$

$7700 - 2000$
$5000 - 600$
$9200 - 3700$
$6300 - 4500$

L: 1800, 4400, 5500, 5700, 6700, 8100, 8600, 9500

3

$28000 + 8000$
$62000 + 25000$
$37000 + 63000$
$72800 + 800$

$84000 - 32000$
$43000 - 7000$
$70000 - 900$
$36000 - 60$

L: 35 940, 36 000, 36 000, 52 000, 69 100, 73 600, 87 000, 100 000

4

$245000 + 7000$
$462800 + 1200$
$786700 + 900$
$335000 + 80$

$574200 - 800$
$660000 - 70$
$152000 - 2600$
$807000 - 6$

L: 149 400, 252 000, 335 080, 464 000, 573 400, 659 930, 787 600, 806 994

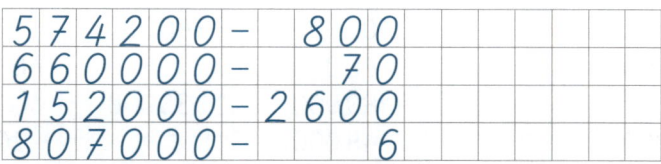

Rechentabellen

1

+	90	800	2 000	30 000	270 000
5 200					
67 000					
530 000					
728 400					

2

−	80	500	3 000	20 000	430 000
7 300					
42 000					
680 000					
835 100					

3 Ergänze immer bis zur nächsten Tausenderzahl!

6 580	3 630	4 800	2 010	574	7 002	937
+ 420						
7 000						

4 Ergänze immer bis zur nächsten Zehntausenderzahl!

46 300	28 000	74 600	90 100	59 990	3 270	6 102
+ 3 700						
50 000						

5 Zerlege!

a)

80 000	
52 000	
37 800	
6 700	
79 910	

60 000	
	24 000
	9 900
	49 100
	30 600

70 000	
38 000	
54 600	
3200	
69 950	

b)

700 000	
256 000	
	80 000
460 000	
	699 000

220 000	
	100 000
	60 000
	180 000
	48 000

680 000	
340 000	
	7 000
55 000	
	200

Gleichungen und Rechenrätsel

1 Löse die Gleichungen!

3 5 0 0 +		= 1 0 0 0 0
8 0 7 0 +		= 1 0 0 0 0
6 4 0 +		= 1 0 0 0 0
4 4 4 4 +		= 1 0 0 0 0

1 0 0 0 0 −		= 2 0 0
1 0 0 0 0 −		= 2 0 0 0
1 0 0 0 0 −		= 2 0
1 0 0 0 0 −		= 2 2 0 0

L: 1 930, 5 556, 6 500, 7 800,
8 000, 9 360, 9 800, 9 980

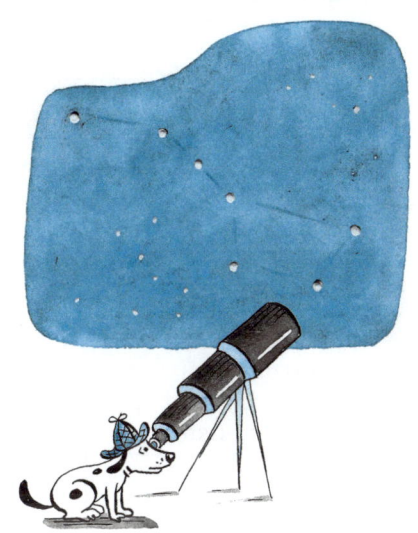

2

4 5 0 0 0 0 +		= 1 0 0 0 0 0 0
3 0 0 0 0 +		= 1 0 0 0 0 0 0
7 6 8 0 0 +		= 1 0 0 0 0 0
2 7 3 0 0 +		= 1 0 0 0 0 0
1 0 0 0 0 0 0 −		= 3 8 0 0 0 0
1 0 0 0 0 0 0 −		= 4 0 9 0 0 0
1 0 0 0 0 0 −		= 5 0 2 0 0
1 0 0 0 0 0 −		= 8 2 9 0 0

L: 17 100,
23 200,
49 800,
72 700,
550 000,
591 000,
620 000,
970 000

3

Wenn ich zu meiner
Zahl 35 000 addiere,
erhalte ich 500 000.

Meine Zahl
ist das Doppelte
von 75 000.

Wenn ich von meiner
Zahl 155 000 subtrahiere,
erhalte ich 245 000.

4

*Finde
jeweils passende
Aufgaben!*

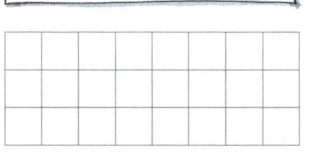

Die Summe meiner
Zahlen ist 780 000.

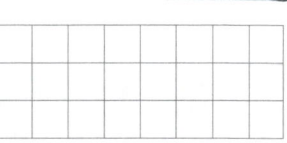

Die Differenz meiner
Zahlen ist 370 000.

Einheiten der Masse / des Gewichts

1 Ordne die Größenangaben! Beginne mit der kleinsten!

a) | 1 dt | 1 g | 1 t | 1 kg |

b) | 2 dt | 2 000 g | 2,1 kg | 0,020 t |

2 Was kann stimmen?
Kreuze an!

Gegenstand	... wiegt ...			
1 Stück Butter	750 g	✗ 250 g	1,5 kg	0,1 kg
1 Brot	1000 g	5 kg	100 g	2 t
1 Bund Spargel	5 kg	500 g	20 g	100 g
1 Netz Orangen	40 g	0,2 kg	1000 g	9 kg 200 g
1 Sack Kartoffeln	100 g	3 kg	10 t	0,5 dt
1 LKW	4 000 kg	40 t	20 000 g	5 dt
1 E-Lok	85 t	20 000 kg	3,5 t	20 000 g
1 Kleinlaster	10 kg	3,5 t	10 dt	5 000 g
10 Viertklässler	3 dt	3 t	30 kg	15 kg 20 g

3 Schreibe auf verschiedene Weise!

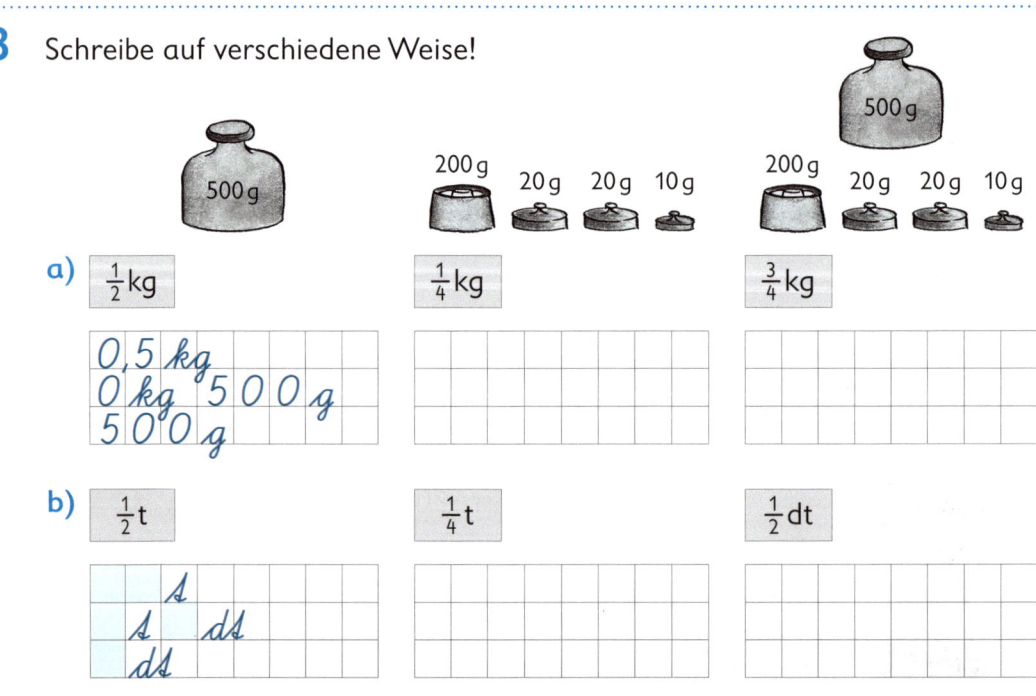

a) $\frac{1}{2}$ kg

0,5 kg
0 kg 500 g
500 g

$\frac{1}{4}$ kg

$\frac{3}{4}$ kg

b) $\frac{1}{2}$ t

1
1 d1
d1

$\frac{1}{4}$ t

$\frac{1}{2}$ dt

Einheiten der Masse/des Gewichts

1 Ergänze die Größenangaben in Kommaschreibweise!

a)

1kg	100g	10g	1g	Komma-schreib-weise
				6,009 kg
15	0	7	0	
				8,6 kg

b)

1dt	10kg	1kg	Komma-schreib-weise
			4,01 dt
42	4		
0	0	2	

c)

1t	100kg	10kg	1kg	Komma-schreib-weise
				19,201 t
27	600	0	0	
				33,44 t

d)

$$23,024\,t \;=\; \underline{\hspace{2cm}}\; kg$$
$$88\,dt \;=\; \underline{\hspace{2cm}}\; t$$
$$47,15\,kg \;=\; \underline{\hspace{2cm}}\; g$$
$$488\,g \;=\; \underline{\hspace{2cm}}\; kg$$

2 Wandle um!

a) in Tonnen

$$25000\,kg \;=$$
$$1700\,dt \;=$$
$$130\,dt \;=$$
$$8516\,kg \;=$$
$$12004\,kg \;=$$

b) in Dezitonnen

$$250\,kg \;=$$
$$1,9\,t \;=$$
$$250\,kg \;=$$
$$55\,t \;=$$
$$13\,kg \;=$$

3 Bilde zu den Angaben in der Tabelle Aufgaben und rechne!

Vogel	Kuckuck	Storch	Strauß	Schwan	Uhu
Eigengewicht	100 g	3 500 g	1,5 dt	0,09 dt	2,75 kg
Vogelei	3 g	115 g	1,9 kg	0,350 kg	0,075 kg

Rauminhalte

1

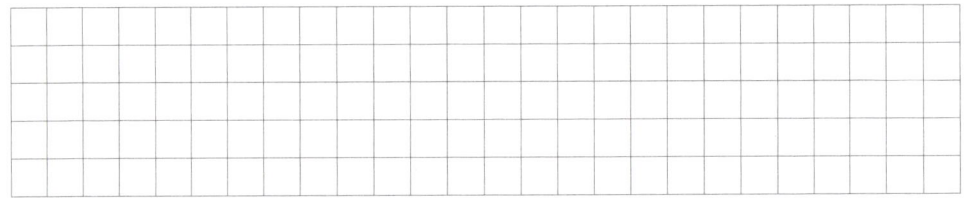

 Was trinkst du am liebsten?

1,5 l	0,33 l	0,75 l	0,5 l	1 l
ml	ml	ml	ml	ml
1,53 €	0,28 €	0,86 €	0,49 €	0,89 €

a) Gib alle Getränkemengen in Milliliter an!

b) Wie viel Euro kosten 3 l Saft, 5 Dosen Cola, 2 l Milch, 3 l Wasser?

c) Wie viele Gläser kannst du von jeder Getränkemenge der Tabelle füllen, wenn in ein Glas 0,3 l passen?

2 Wandle um!

a) 3,500 l = __ l ____ ml
    1,060 l = __ l ____ ml
    0,850 l = __ l ____ ml

b) 1,726 l = _____ ml
    8,035 l = _____ ml
    0,840 l = _____ ml

c) 2 194 ml = _____ l
    650 ml = _____ l
    43 ml = _____ l

3 a)

0,25 €   1,27 €

b)

0,59 €   0,79 €   1,19 €

c)

0,71 €   1,17 €

Ermittle immer, wie du am preisgünstigsten 1 Liter kaufen kannst.
Begründe deine Entscheidungen!

1 Kunigunde möchte sich für die Ritterspiele auf dem Burghof schön kleiden. Sie möchte zu ihrem gelben Kleid einen Hut, einen Gürtel und Schuhe auswählen.

lila	gelb	lila	gelb	schwarz	lila	gelb
lH	gH	lG	gG	sG	lS	gS

a) Welche und wie viele Möglichkeiten hat Kunigunde, sich immer wieder anders anzuziehen? Male die Möglichkeiten auf!

1.	2.	

b) Vervollständige das Baumdiagramm dazu!

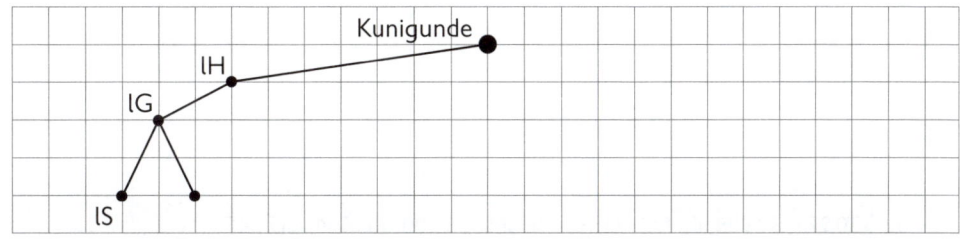

1 Überschlage und rechne!

Ü:	Ü:	Ü:	Ü:
2 7 3 0 6	3 4 0 6 6	1 7 6 5 4	8 2 2 7
+ 4 2 5 9 2	+ 5 8 9 7 3	+ 8 2 3 4 6	+ 9 0 0 3

L: 17 230, 69 898, 93 039, 100 000

2 Bei sieben Aufgaben ist die Summe immer der erste Summand einer anderen Aufgabe.

3 6 0 8	6 9 3 1 9	1 2 3 9 2	5 0 9 9 2
+ 8 7 8 4	+ 1 3 8 0 1	+ 2 8 9 1 3	+ 1 7 3 2 8

4 1 3 0 5	8 3 1 2 0	6 8 3 2 0	8 8 2 0 0
+ 9 6 8 7	+ 5 0 8 0	+ 9 9 9	+ 1 1 8 0 0

3 Rechne vorteilhaft!

6 3 9 1	5 2 6 4	7 7 2 0 6	2 0 8 6 2 7
+ 4 1 7	+ 8 7 5	+ 4 5 8 4	+ 6 4 3 4 1
+ 6 7 0 9	+ 9 9 3 6	+ 1 3 8 9 0	+ 4 0 0 9 9 9
		+ 2 6 7 2 4	+ 7 2 7 8 6

L: 13 517, 16 075, 122 404, 746 753

4 Rechne mündlich oder schriftlich!

a) 8 099 + 63 500
42 800 + 42 800
63 270 + 12 730
29 999 + 9 999

b) 58 085 + 8 085
66 666 + 88 888
473 + 30 500
800 000 + 12 345

L: 30 973, 39 998, 66 170, 71 599, 76 000, 85 600, 155 554, 812 345

Schriftliches Subtrahieren bis 1000000

1 Überschlage und rechne!

Ü.	Ü.	Ü.	Ü.
8 6 9 4	7 2 5 3 6	4 9 3 7 2	9 0 0 8 2
− 6 3 5 3	− 5 6 5 7 3	− 5 0 6 9 1	− 8 5 0 7 8

L: 2341, 5004, 15963, n.l.

2 Die Differenz in sieben Aufgaben ist immer der Minuend einer anderen Aufgabe.

9 9 9 9 9	4 6 2 6 8	5 3 4 8	8 4 2 5 3
− 1 0 6 5 7	− 3 7 2 6 8	− 2 1 9 9	− 1 7 6 0 3

3 1 4 9	8 9 3 4 2	6 6 6 5 0	9 0 0 0
− 3 1 4 8	− 5 0 8 9	− 2 0 3 8 2	− 3 6 5 2

3 Finde die Fehler und berichtige sie!

7 0 6 8	4 2 3 7 9	2 0 0 0 0	8 4 7 2
− 3 9 5 4	− 2 7 0 8 3	− 6 3 9 2	− 8 5 6 5
4 1 1 4	1 5 2 9 6	3 7 0 8	9 9 0 7

4 Rechne mündlich oder schriftlich!

a) 40 000 + 8 560
7 2 7 1 0 + 5 2 7 1 0
5 4 3 9 7 + 3 7 8 1 2
6 3 2 5 8 + 9 8 6

b) 800 000 − 12 345
30 500 − 1 473
58 085 − 8 085
67 906 − 68 421

L: 29027, 48560, 50000, 64244, 92209, 125420, 787655, n.l.

Gleichungen und Ungleichungen

1

$7280 + a = 7780$ $a =$	$36000 + b = 43400$ $b =$
$5550 + c = 7550$ $c =$	$280000 + d = 395000$ $d =$
$82600 + e = 90000$ $e =$	$1500 + f = 210000$ $f =$

2

$6500 - a = 6130$ $a =$	$42800 - b = 3280$ $b =$
$7300 - c = 6720$ $c =$	$362000 - d = 35800$ $d =$
$90000 - e = 87400$ $e =$	$54700 - f = 49700$ $f =$

3 Gib für jede Ungleichung die kleinste und die größte Lösungszahl an!

$25500 + g < 28900$ $g =$	$46300 - h > 36300$ $h =$
$76700 > 60000 + i$ $i =$	$17300 < 25600 - j$ $j =$

4 Welche Vielfachen von 10 000 erfüllen die Ungleichungen?

$20000 + a < 70000$

$a =$ _____

$100000 - b < 70000$

$b =$ _____

$30000 > c - 40000$

$c =$ _____

$50000 < d - 30000$

$d =$ _____

Schriftliches Subtrahieren mit 2 Subtrahenden

1 Überschlage und rechne!

Ü:	Ü:	Ü:	Ü:
8806	63449	70000	35687
− 522	− 27006	− 6388	− 99
− 3760	− 810	− 38409	− 28777

L: 4524, 6811, 25203, 35633

2 Überschlage und rechne!

Ü: 8206 − 944 − 2545　　　Ü: 9999 − 6783 − 576

Ü: 9000 − 397 − 4063　　　Ü: 7631 − 6857 − 763

L: 11, 2640, 4540, 4717

3 Frage! Rechne! Antworte!

Neupreis: 28650,00 € sie sparen: 1760,− €

Neupreis 22500,− € Sonderangebot nur 19950,− €

Schriftliches Addieren und Subtrahieren bis 1 000 000

1 Überschlage und rechne!

Ü:	Ü:	Ü:	Ü:
82076	29207	95324	6709
− 38687	+ 50806	− 35418	+ 8471

L: 15 180, 43 389, 59 906, 80 013

2 Ermittle die fehlenden Zahlen!

```
   27658              +  45328     − 26931          9000
+                                                 −
   92494              100000          46710         6348

   17032                 36701      − 27272         9326
+                     + 28999       − 14141       − 3082
+ 35906               +               57576       −
   75616                 75700                      3635
```

L: 2 609, 2 652, 10 000, 22 678, 54 672, 64 836, 73 641, 98 989

3 Welche Ziffern gehören in die Lücken? Finde sie!

```
   86 2        9203          52  7         8  8
+ 1  35      − 5       1   +      393     −   9  9
   58  28       5143       10000             4889
```

L: 0, 0, 0, 3, 3, 3, 4, 4, 6, 6, 6, 7, 7, 8, 8, 8, 9, 9, 9

4

a) Addiere die Differenz von 28 752 und 9 674 zur Zahl 62 386!

b) Der Minuend ist 72 062, die Subtrahenden sind 9 472 und 26 083.

c) Subtrahiere die Summe der Zahlen 17 652 und 23 458 von der Zahl 90 000!

Würfel, Quader, Kugel, Pyramide, Kegel, Zylinder

1 Immer 2 Teile gehören zusammen:

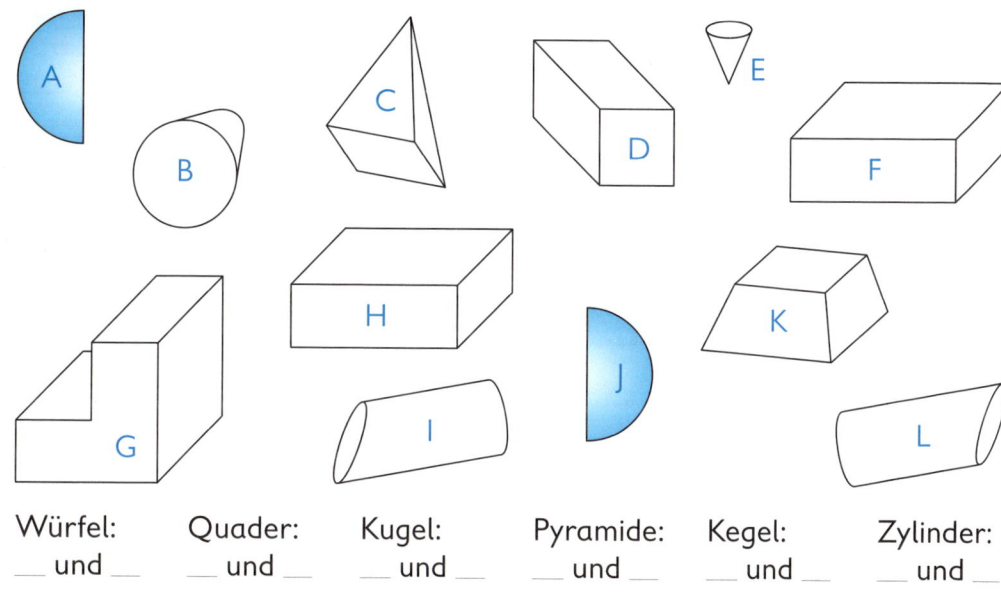

Würfel:	Quader:	Kugel:	Pyramide:	Kegel:	Zylinder:
__ und __	__ und __	__ und __	__ und __	__ und __	__ und __

2 Zu welchen Körpern könnten diese Flächen gehören?

a)

b)

c)

d)

3 Ergänze! Probiere zuerst ohne, dann mit Modellen und vergleiche!

Anzahl der ...	Würfel	Quader	Kugel	Zylinder	Kegel	Pyramide
Ecken / Spitzen						
Kanten						
Flächen						

Anzahl meiner Fehler: _____

Ansichten

1

 A   B 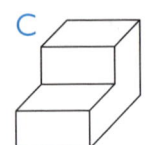   C   D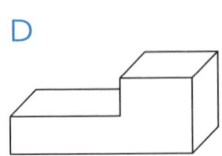

Welches Bild gehört zu welchem Körper? Ordne zu!

a) von vorn

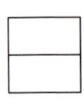   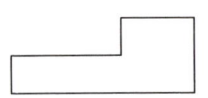   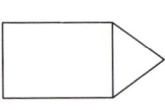   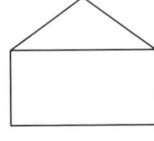

_____   _____   _____   _____

b) von rechts

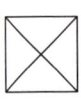   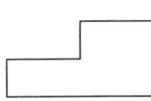      

_____   _____   _____   _____

c) von oben

   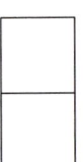   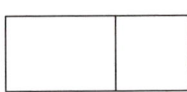   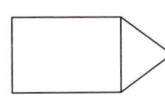

_____   _____   _____   _____

2 **a)** Baut mit Würfeln eine Figur, die so aussieht!

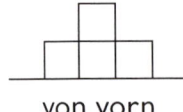

von vorn

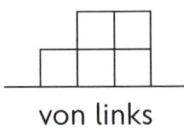

von links

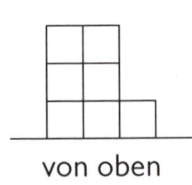

von oben

b) Wie viele Würfel benötigt ihr?

_____ Würfel

Würfel- und Quadernetze

1 Ergänze jeweils zu einem Netz!

a) Würfel

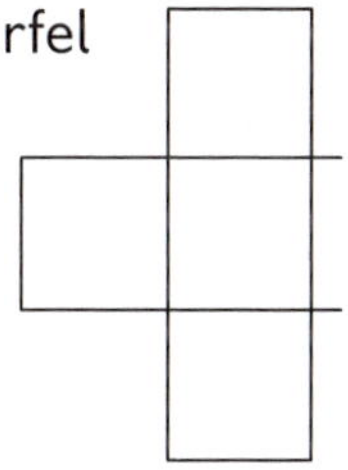

b) Quader

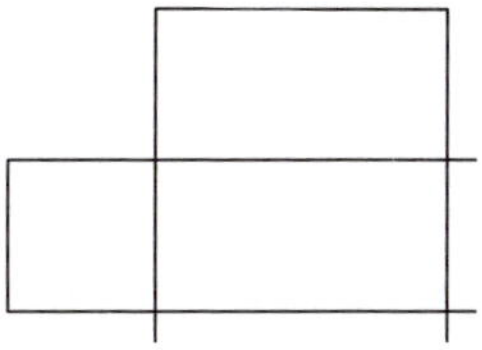

2 Zeichne jeweils ein Netz!

a)

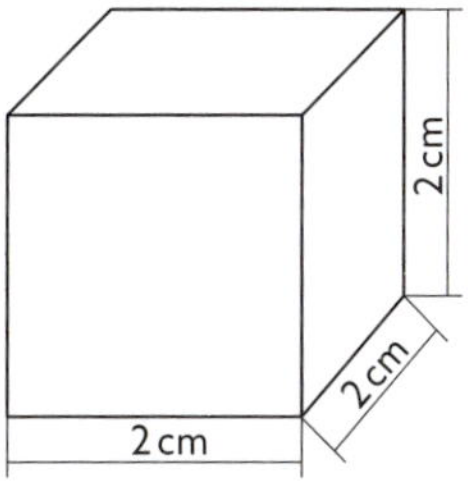

2 cm

2 cm

2 cm

b)

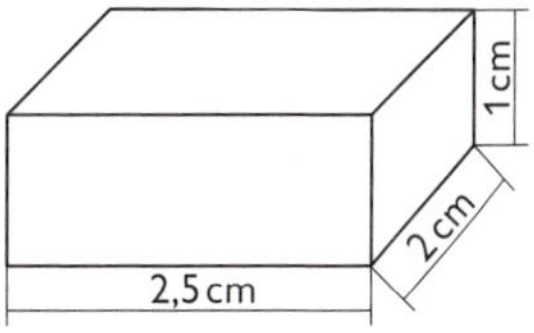

2,5 cm

2 cm

1 cm

3 Welche Figuren sind Würfelnetze? Kreuze an!

a)

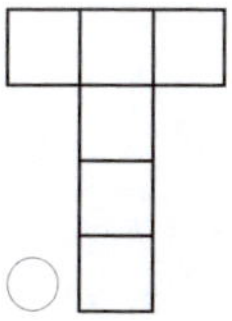

b)

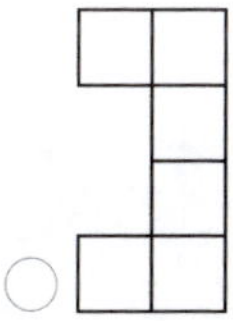

c)

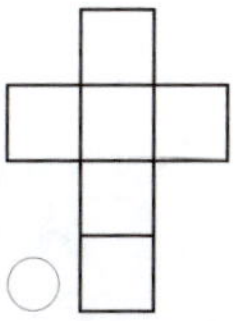

d)

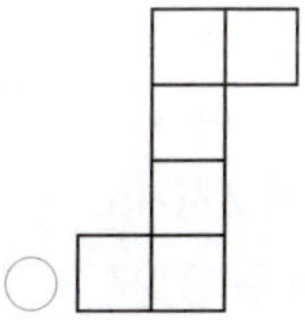

e)

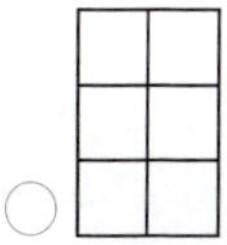

Rechnen mit Kommazahlen

1 Rechne! Achte auf Kommaschreibweise!

a)
7 km − 260 m =	_____	m
6 km + 2 860 m =	_____	km
8 km − 1 750 m =	_____	m
5 km + 80 m =	_____	km
9 km − 630 m =	_____	m

b)
4 kg + 500 g =	_____	kg
9 kg − 3 300 g =	_____	g
3 kg + 1,5 kg =	_____	g
6 kg − 750 g =	_____	kg
$\frac{1}{2}$ kg − 500 g =	_____	kg

2 Überschlage zuerst, dann rechne schriftlich!

Ü: 300 € + 100 € = 400 €

32 6,70 € + 7 8,90 €

$$\begin{array}{r} 3\,2\,6{,}7\,0\,€ \\ +\quad 7\,8{,}9\,0\,€ \\ \hline \end{array}$$

Ü:

21 7,20 € − 3 9,90 €

$$\begin{array}{r} \\ -\quad\quad\quad \\ \hline \end{array}$$

3 Rechne schriftlich!

a) 7 658,20 € − 2 342,10 €
    9 234,18 € − 990,90 €
    6 008,05 € − 3 400,50 €

b) 285,00 € + 3 680,70 €
    8 070,50 € + 6 599,90 €
    5 260,20 € + 4 000,50 €

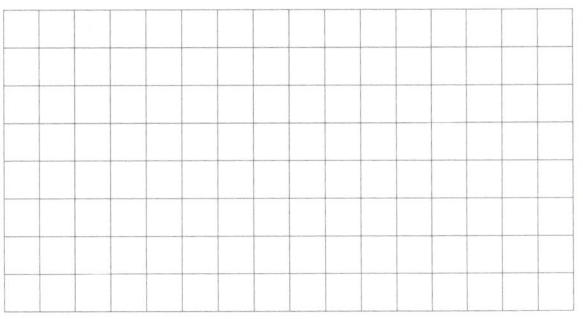

4 a) 5,8 t + 6 000 kg + 10 t
    15 000 ml + 80 l + 10,6 l
    3,8 kg + 3,8 t + 380 kg
    16 l + 3 800 ml + 2,4 ml

b) 70 t − 8 000 kg − 3,6 t
    100 ml − 6,8 l − 500 ml
    300 t − 6 270 kg − 5,8 t
    5 000 ml − 3,8 l − 20 ml

Schülerzahlen und Schulklassen

1

Anzahlen von Grundschulkindern in den neuen Bundesländern			
Bundesland	2007	2008	2009
Mecklenburg-Vorpommern (MV)	47 721	47 910	48 206
Thüringen (TH)	64 807	64 790	65 413
Brandenburg (BB)	78 173	79 129	76 994
Berlin (BE)	112 299	109 263	102 553
Sachsen (SN)	119 171	120 079	120 763
Sachsen-Anhalt (ST)	66 018	66 394	66 245

Ergänze die Sätze mit Hilfe der Tabelle!

Im Jahr 2009 gab es in Thüringen

_____ Grundschulkinder.

Was meint ihr dazu?

In Sachsen stieg die Zahl der Grundschulkinder von 2008
auf 2009 um _____ Kinder.

In Berlin ist die Zahl der Grundschulkinder im Jahr 2009
etwa doppelt so groß wie in _____ .

2 Stelle selbst Fragen zur Tabelle, rechne und antworte!

Was könnte stimmen?

1 Würfle mit zwei Würfeln und bilde mit den Augenzahlen der Würfel immer das Produkt!

$1 \cdot 2 = 2$

a) Schätze ein, welches der Ereignisse stimmen kann! Kreuze an!

Ereignis (Produkt der Augenzahlen)	ja	nein	Ereignis (Produkt der Augenzahlen)	ja	nein
6 kommt häufiger vor als 5.	○	○	6 kommt ebenso häufig vor wie 12.	○	○
24 kommt in zwei von 36 Möglichkeiten vor.	○	○	24 kommt häufiger vor als 25.	○	○
1 kommt häufiger vor als 4.	○	○	1 kommt ebenso häufig vor wie 9.	○	○
12 kommt in vier von 36 Möglichkeiten vor.	○	○	12 kommt weniger vor als 15.	○	○
3 und 2 sind gleich wahrscheinlich.	○	○	3 und 9 sind gleich wahrscheinlich.	○	○

b) Ergänze die Mal-Tabelle! Überprüfe damit deine Einschätzungen!

·	1	2	3	4	5	6
1						
2						
3						
4						
5						
6						

c) Überprüfe a) und b) durch ein Experiment! Was stellt du fest?

	Ereignis (Produkt)	Häufigkeit
1.	$1 \cdot 2 = 2$	I
2.		
3.		
4.		
5.		
6.		
7.		
8.		
9.		
10.		
11.		
12.		

Addieren und Subtrahieren bis 1000000

Das kann ich schon!

1

$$780 + 900$$
$$370 + 4800$$
$$4600 + 28000$$
$$3570 + 3200$$
$$64800 + 6000$$
$$49900 + 7700$$

L: 1680, 4200, 5170, 6770, 32600, 46000, 57600, 70800, 89400, 402992, 738500, 775800

2

$$776200 - 400$$
$$8600 - 4400$$
$$53000 - 7000$$
$$90000 - 600$$
$$403000 - 8$$
$$741000 - 2500$$

MDCCXXI

3 Ergänze immer bis zur nächsten Zehntausenderzahl!

39100	56000	83800	40500	69990	200	472300
+ 900						
40000						

4 a)

Ü:	Ü:	Ü:	Ü:
72091	43074	60000	3877
− 18769	+ 56926	− 58349	+ 9685

b)

Ü:	Ü:	Ü:	Ü:
25670	92516	8076	9672
+ 18099	− 27362	+ 72413	− 909
+ 37324	− 52650	+ 999	− 2066

L: 1651, 6697, 12504, 13562, 53322, 81093, 81488, 100000

5

$$588,20 € + 63,80 €$$
$$409,35 € - 50,65 €$$

Mündliches und halbschriftliches Multiplizieren und Dividieren

1

7 · 300	6300 : 30
90 · 50	5600 : 8
8 · 6000	2400 : 40
500 · 90	810 : 9
30 · 800	7020 : 30
600 · 70	4900 : 70

L: 60, 70, 90, 210, 234, 700, 2100, 4500, 24000, 42000, 45000, 48000

2

a	a · 7
4 0 0 0	
8 0 0	
1 1 0 0	
2 0 0 0	
1 2 5 0	
3 0	

b	b · 8
	3 2 0 0 0
7 0	
8 0 0 0	
	4 0 0 0
	5 6 0 0 0
8 1 0	

L: 210, 500, 560, 4000, 5600, 6480, 7000, 7700, 8750, 14000, 28000, 64000

3

16000 : = 20	24000 : = 300
5600 : = 800	: 60 = 400
420 : = 70	1400 : = 200
18000 : = 200	: 500 = 80
320 : = 8	400 : = 100
2700 : = 3	: 155 = 0

4 Ordne jeder Aufgabe das richtige Ergebnis zu!

600 : 6		900 · 300

(600)   (270000)   (100)

| 36000 : 60 | | 42000 : 6 |

| 180000 : 300 | | 300 · 40 |

(600)   (12000)   (7000)

5

5 · 16	9 · 13	8 · 11
5 · 12	9 · 14	8 · 13
5 · 15	9 · 17	8 · 15
5 · 18	9 · 19	8 · 12
5 · 11	9 · 20	8 · 18

L: 55, 60, 75, 80, 88, 90, 96, 104, 117, 120, 126, 144, 153, 171, 180

Mündliches und halbschriftliches Multiplizieren und Dividieren

1

$219 \cdot 5$ $2100 : 6$

$810 \cdot 8$ $2525 : 5$

$720 \cdot 6$ $1640 : 4$

L: 350, 410, 505, 1095, 4320, 6480

2 Zerlege so, dass du große Zahlen leicht teilen kannst!

Zahl	Teiler	Zerlegungen			Quotient
1 2 3	: 3		1 2 0	3	
1 8 6	: 6				
2 2 4	: 2				
2 2 4	: 4				
4 3 2	: 8				
6 3 7	: 7				

3 Dividiere und prüfe die Ergebnisse durch die Umkehraufgabe!

$8028 : 2$ $5430 : 6$

$9621 : 3$ $3640 : 4$

Rechenmuster und Rechenrätsel

1 Rechne! Was fällt dir auf?

3 · 3		72000 : 8
3 · 30		72000 : 80
3 · 300		72000 : 800
3 · 3000		72000 : 8000

2 Erkunde, wie man immer aus der oberen Zahl die untere Zahl berechnen kann! (Tipp: Verwende ⊙ und ⊕.) Ergänze die Tabelle!

1	5	10	20	30	40	50	60
2	30	110					3 660

3

a) Wie heißt das Produkt, wenn der eine Faktor 40 ist und der andere ist doppelt so groß?

b) Ein Faktor ist der dritte Teil von 90. Der andere Faktor ist 90. Wie heißt das Produkt?

c) Dividiere 720 durch das Doppelte von 30!

d) Wie groß ist der Quotient, wenn der Divisor halb so groß ist wie der Dividend?

e) Ein Faktor ist der 9. Teil von 810. Der andere Faktor ist 5. Wie heißt das Produkt?

f) Der Quotient ist 560. Der Divisor ist das Produkt von 2 und 4. Wie heißt der Dividend?

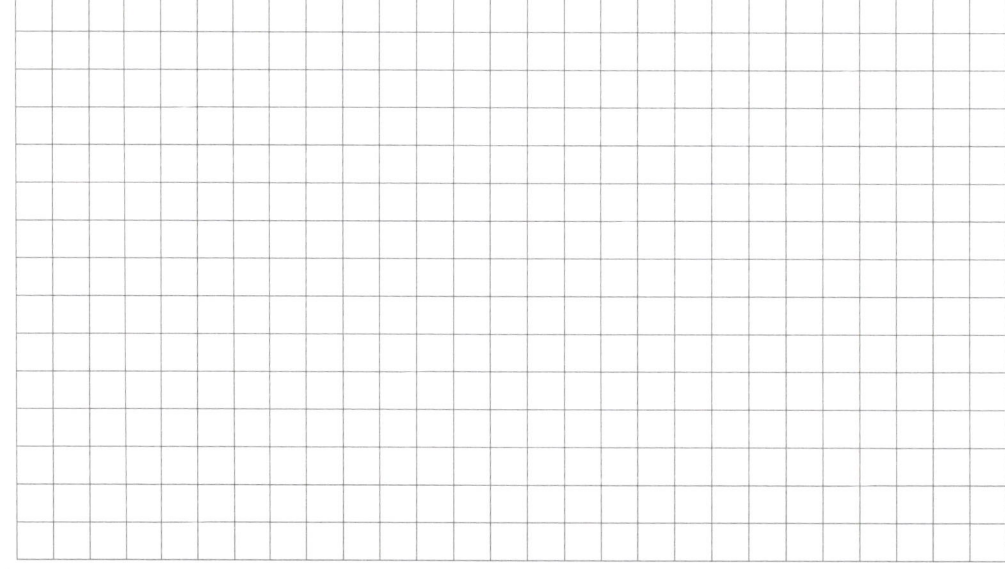

L: 2, 12, 450, 2 700, 3 200, 4 480

Schriftliches Multiplizieren bis 1 000 000

1 Setze die Rechnungen fort!

Ü:
```
3 7 1 6 · 6
          9 6
```

Ü:
```
1 2 4 3 · 8
```

Ü:
```
1 5 7 9 · 9
```

Ü:
```
4 3 0 7 · 5
```

Ü:
```
2 4 1 5 · 7
```

Ü:
```
7 3 0 2 · 4
```

L: 9 944, 14 211, 16 905, 21 535, 22 296, 29 208

2 **a)** Rechne und vergleiche dann die Ergebnisse!
Was fällt dir auf?

b) Ergänze 2 weitere Aufgaben!

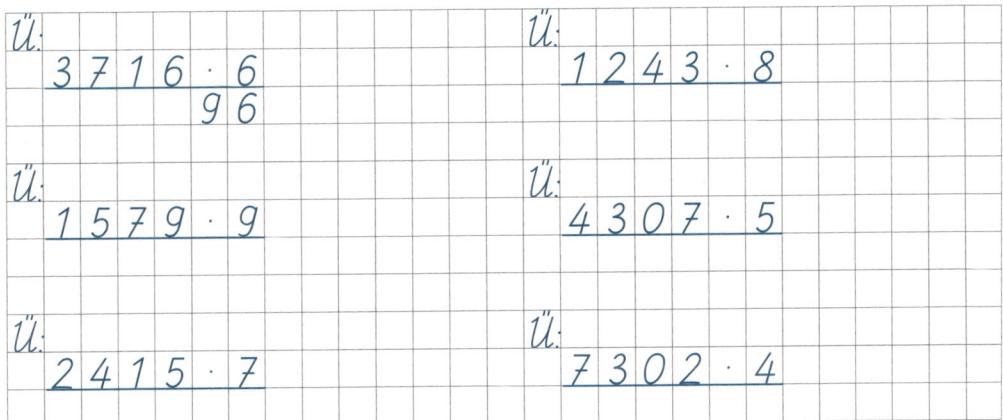

Oh, ANNA-Zahlen!

Ü:
```
1 8 8 1 · 9
```

Ü:
```
2 8 8 2 · 9
```

Ü:
```
3 8 8 3 · 9
```

Ü:
```
4 8 8 4 · 9
```

Ü:
```
5 8 8 5 · 9
```

Ü:
```
6 8 8 6 · 9
```

Rechnen mit dem Taschenrechner

1 Zerlege jede Zahl in 2 zweistellige Faktoren!
Probiere geschickt mit dem Taschenrechner!

a) 380 = [ ] · [ ]   b) 450 = [ ] · [ ]   c) 132 = [ ] · [ ]

380 = [ ] · [ ]   450 = [ ] · [ ]   185 = [ ] · [ ]

2 a) Tippe verschiedene dreistellige Zahlen in den Taschenrechner ein
und rechne dann jeweils nach der Vorschrift!

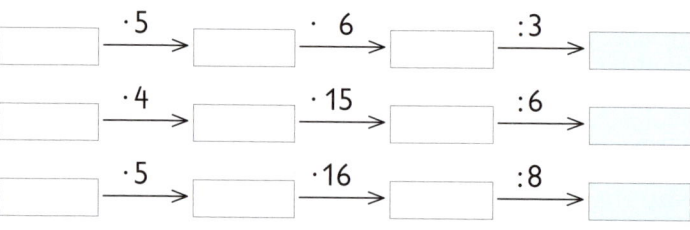

b) Was fällt dir auf?

_____

_____

c) Begründe deine Entdeckung!

_____

_____

_____

_____

3 Rechne immer nur die ersten beiden Aufgaben mit dem Taschenrechner
und dann im Kopf!

a) 45 ·   11 = _____   b) 53 ·   11 = _____

45 ·   111 = _____   53 ·   111 = _____

45 · 1111 = _____   53 · 1111 = _____

45 · 11111 = _____   53 · 11111 = _____

c) Beschreibe, wie du jeweils im Kopf gerechnet hast!

_____

_____

_____

Im Kino

1 **a)** Pauls Klasse geht mit 25 Kindern und drei Erwachsenen
am Mittwoch ins Kino.
Wie viel kostet dieser Kinobesuch? Reichen 140 €?

b) Wie viel Geld kann Pauls Klasse am Kinotag sparen?

c) Wie viel Geld kostet der Kinobesuch für einen Film mit Überlänge?

2 Am Dienstag bezahlte Annas Klasse 94 €.
Wie viele Kinder und wie viele Erwachsene waren
bei diesem Kinobesuch dabei?

3 Wie viel Kinogeld müsste deine Klasse mit zwei Erwachsenen
am Kinotag im Kino bezahlen?

1

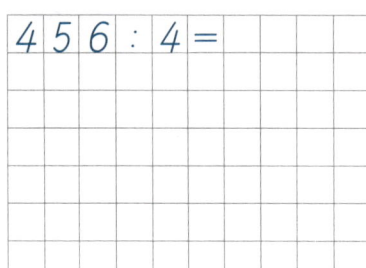

456 : 4 =

Du kannst auch die Stellentafel nutzen.

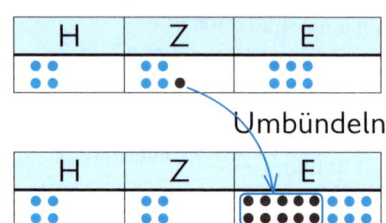

Umbündeln

2 Rechne und kontrolliere!

Ü:
3176 : 8 =

Kontrolle:

Ü:
3122 : 7 =

Kontrolle:

Ü:
3594 : 6 =

Kontrolle:

Ü:
4552 : 8 =

Kontrolle:

3 364 Tage = _____ Wo _____ Tage

333 Tage = _____ Wo _____ Tage

Schriftliches Dividieren bis 1000000

1

a				b	a : b			
2	4	3	9	9				
7	7	3	1	3				
3	0	4	5	5				
1	7	5	2	2				

L: 271, 609, 876, 2577

Überschlage, rechne, kontrolliere!

2 Setze die Rechnung fort!

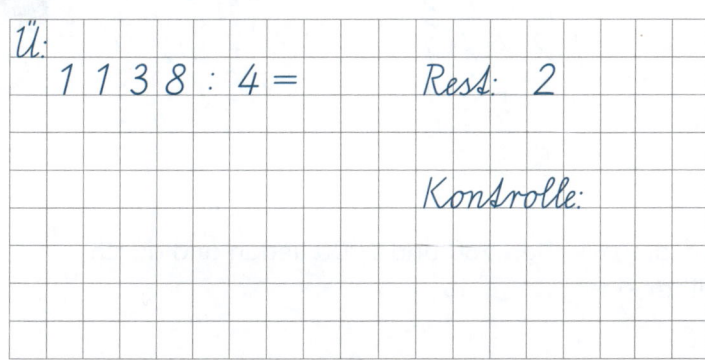

Ü:

1 1 3 8 : 4 =   Rest: 2

Kontrolle:

Vergiss bei der Kontrolle nicht den Rest!

Dividieren mit Rest, Teilbarkeitsregeln

1 a) Rechne und beachte die Reste!

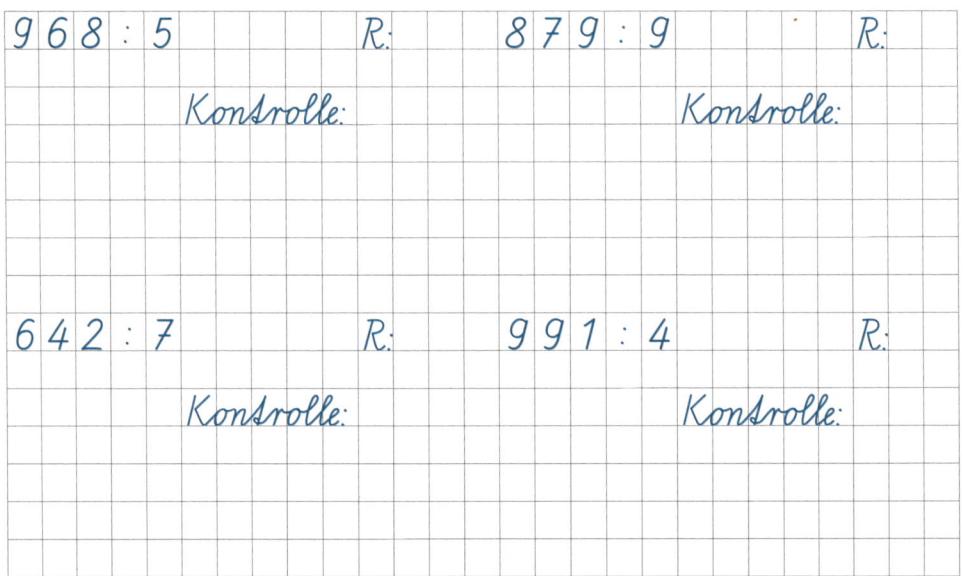

968 : 5   R.:   879 : 9   R.:

Kontrolle: Kontrolle:

642 : 7   R.:   991 : 4   R.:

Kontrolle: Kontrolle:

b) Erfinde selbst Aufgaben, die beim Dividieren einen Rest haben!

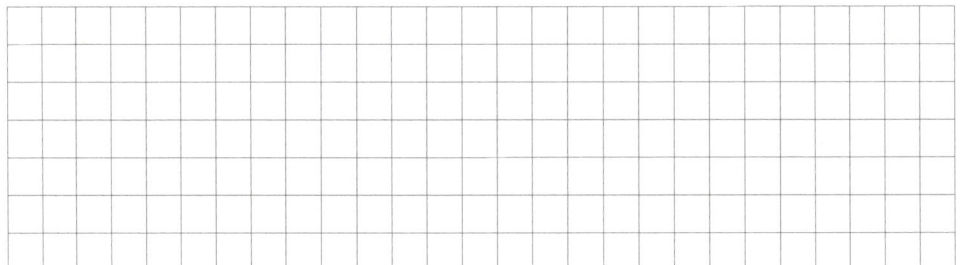

2 Welche dieser Zahlen sind teilbar

   a) durch 2, 5 und 10,   b) durch 4,   c) durch 3 und 9?

Kreuze an!

a)	b)	c)
17510 ○	4948 ○	1755 ○
8040 ○	12774 ○	7920 ○
24512 ○	28484 ○	98703 ○
6806 ○	276 ○	6543 ○
45400 ○	9588 ○	412 ○

3 Schreibe Zahlen auf, die zwischen 960 und 1000 liegen und durch
☐ und ☐ teilbar sind!

Einheiten der Zeit

1 Ordne die Kinder nach ihrem Alter!

a) Linos ist 117 Monate alt.

b) Marta ist 9 Jahre und 6 Monate alt.

c) Emil ist 122 Monate alt.

d) Lene ist 9 Jahre und 11 Monate alt.

2 a) Wandle in die nächstkleinere Einheit um!

8 min							3 Jahre						
9 h							15 h						
14 Tage							2 Tage						
28 min							20 min						
22 h							4 Monate						

b) Wandle in die nächstgrößere Einheit um!

660 s							1380 s						
1020 min							168 Tage						
216 h							960 h						
364 Tage							360 min						
300 min							540 s						

3 Wandle um!

4 Wo = _____ Tage   540 min = _____ h   2 h 25 min = _____ min

120 h = _____ Tage   660 min = _____ h   3 h 3 min = _____ min

2 Mon = _____ Tage   480 s = _____ min   6 h 17 min = _____ min

56 Tage = _____ Wo   840 s = _____ min   1 min 12 s = _____ s

3 Tage = _____ h   12 h = _____ min   4 min 53 s = _____ s

1 Wo = _____ h   16 h = _____ min   8 min 4 s = _____ s

4 Pauls Ferienkalender

Herbst	Weihnachten	Winter	Ostern	Pfingsten	Sommer
11.–23.10.	23.11.–1.1.	31.1.–5.2.	2.4.–30.4.	3.6.	20.6.–13.8.

Wie viele Tage (Wochen, Monate) hat Paul Ferien im Jahr?

Zeitdauerberechnungen

1

	Ankunft in Berlin			
Ort	Land	Abflug	Ankunft	Flugdauer
Paris		09:40	11:35	h min
Reykjavik		16:30	21:40	h min
Saarbrücken		18:20	19:30	h min
St. Petersburg		15:45	16:15	h min
Stockholm		08:20	10:00	h min
Stuttgart		19:20	20:25	h min
Rhodos		21:35	23:50	h min
Palma de Mallorca		22:25	01:05	h min

a) Erkunde, von welchem Land aus jeder Flug startet!

b) Berechne die Dauer jedes Fluges und ergänze die Tabelle!

2 Anna will auf einem Zeitstrahl den Start des ersten Motorflugzeuges eintragen. Sie weiß, dass 1783 der erste Gasballon in die Lüfte stieg. 120 Jahre später war das erste Motorflugzeug am Himmel.

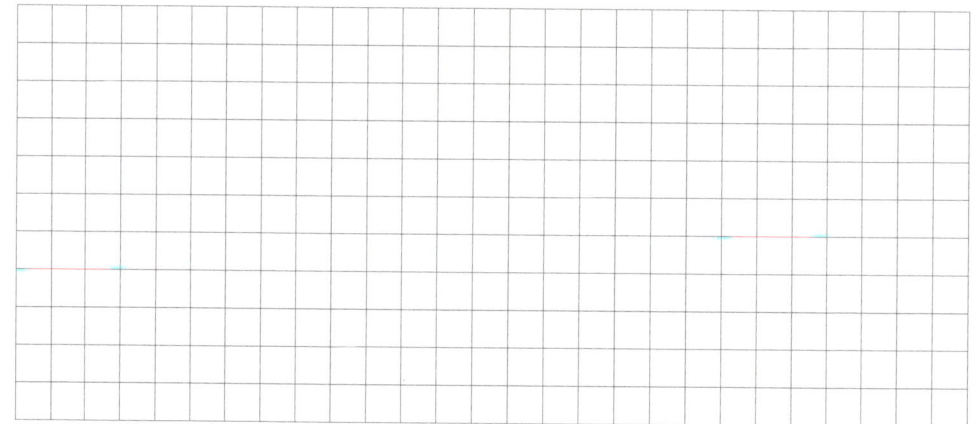

Kannst du Anna helfen?

3 Ergänze!

Abflug	Ankunft	Fahrzeit	
9:15 Uhr	11:05 Uhr	h	min
3:40 Uhr	8:26 Uhr	h	min
0:15 Uhr	0:10 Uhr	h	min
15:55 Uhr	Uhr	22 h	14 min
Uhr	18:20 Uhr	4 h	12 min

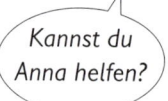

Schriftliches Multiplizieren und Dividieren

1 **a)** Überschlage, rechne und vergleiche!

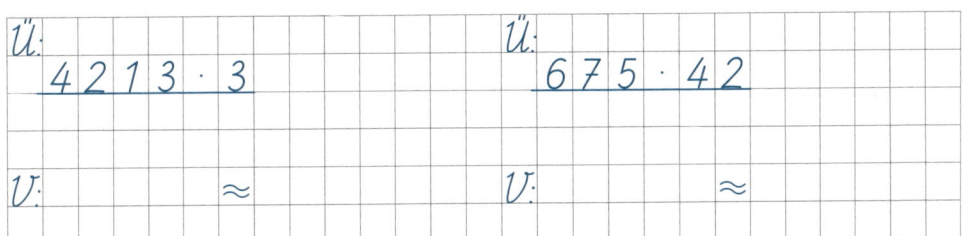

Ü:

4 2 1 3 · 3

Ü:

6 7 5 · 4 2

V: ≈

V: ≈

b) Überschlage, rechne und kontrolliere!

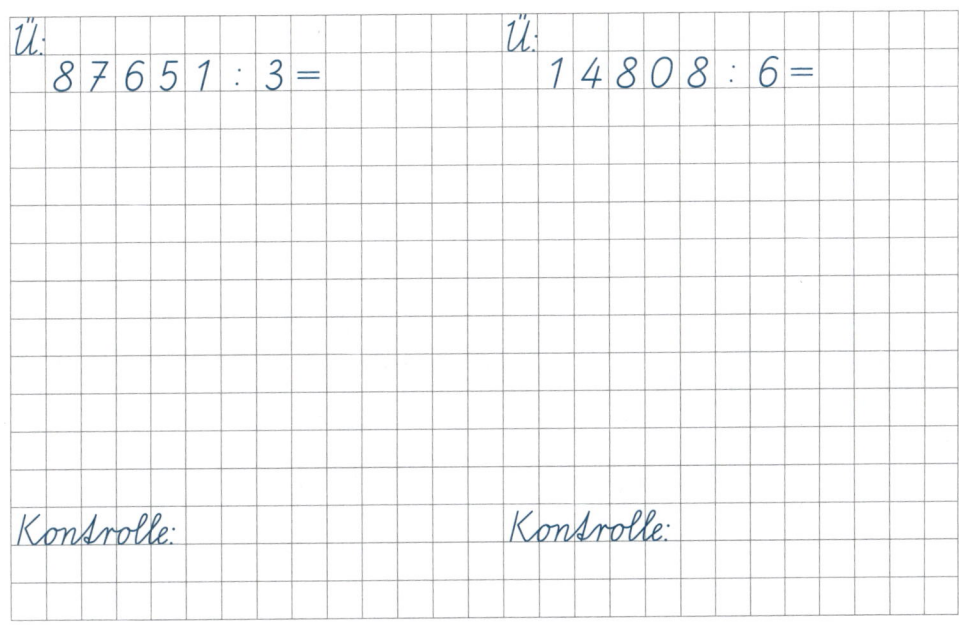

Ü:

8 7 6 5 1 : 3 =

Ü:

1 4 8 0 8 : 6 =

Kontrolle:

Kontrolle:

2 Überschlage, rechne und kontrolliere!

a)

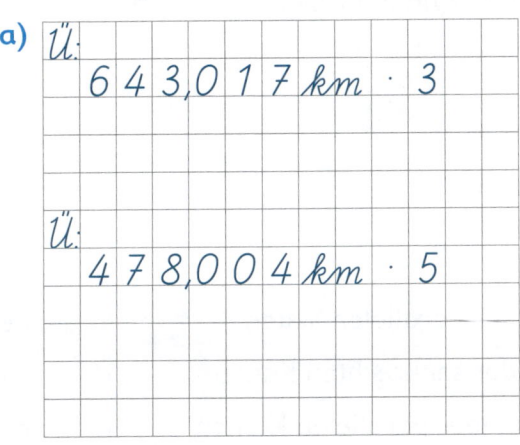

Ü:

6 4 3,0 1 7 km · 3

Ü:

4 7 8,0 0 4 km · 5

b)

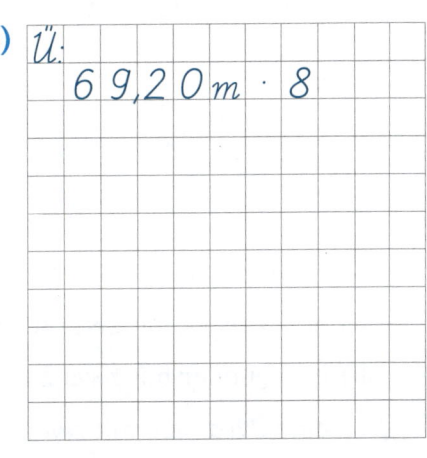

Ü:

6 9,2 0 m · 8

Zueinander parallele und zueinander senkrechte Strecken

1 a) Zeichne zueinander parallele Strecken immer mit der gleichen Farbe nach!

b) Zeichne zwei zueinander senkrechte Strecken immer mit der gleichen Farbe nach!

2 Zeichne möglichst viele gleich lange zueinander parallele Strecken! Der Abstand zwischen zwei Strecken soll immer 1,5 cm sein.

3 Setze das Muster fort und gestalte es dann farbig!

4 Kann das sein? Kreuze an!

a) ein Dreieck mit zwei zueinander parallelen Seiten — ja ○ nein ○

b) ein Quader mit zwei zueinander senkrechten Kanten — ja ○ nein ○

c) eine Pyramide mit zwei zueinander parallelen Kanten — ja ○ nein ○

Dreiecke, Vierecke, Kreise

1 Zerlege ein Quadrat durch 3 gerade Linien so, dass du

a) 6 gleich große
Rechtecke,

b) 6 kleine
Trapeze,

c) 4 Quadrate und
4 Dreiecke erhältst!

2 a) Ergänze jedes Muster und gestalte es dann farbig!

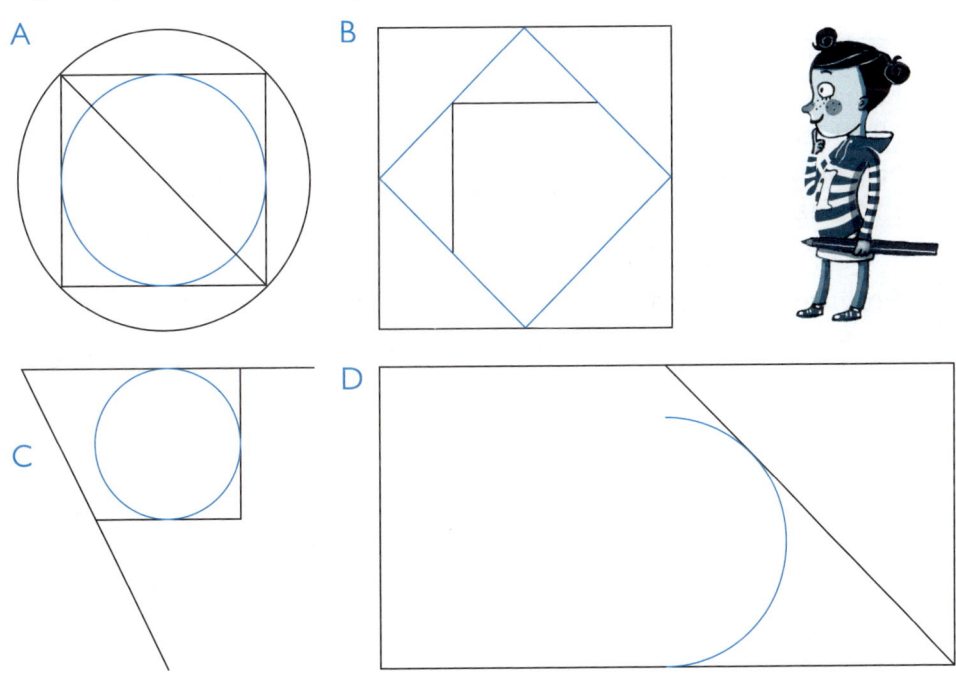

b) Zeige deinen Mitschülern in den Mustern Dreiecke,
Vierecke und Kreise und zähle sie dann!

Anzahl der ...	Muster A	Muster B	Muster C	Muster D
Dreiecke				
Vierecke				
Kreise				

Vierecke

1

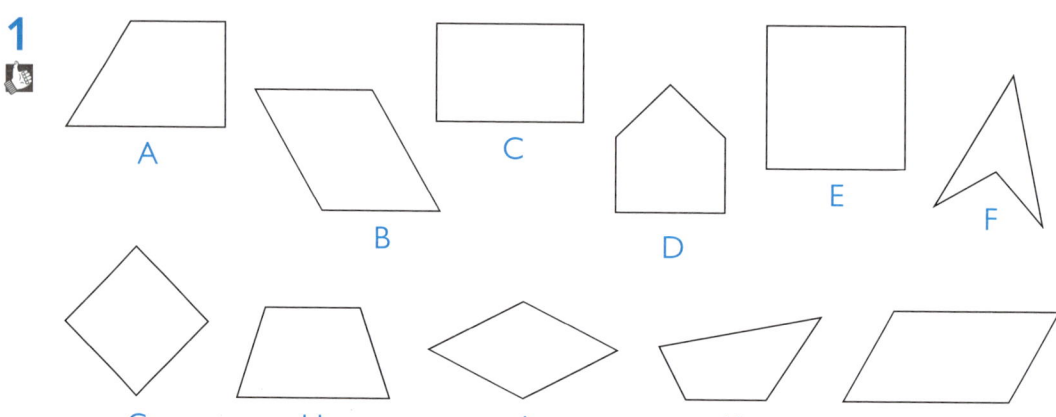

Kreuze Zutreffendes an!
Beachte: Zu einer Figur können auch mehrere Kreuze gehören.

	A	B	C	D	E	F	G	H	I	K	L
Viereck	○	○	○	○	○	○	○	○	○	○	○
Quadrat	○	○	○	○	○	○	○	○	○	○	○
Rechteck	○	○	○	○	○	○	○	○	○	○	○
Parallelogramm	○	○	○	○	○	○	○	○	○	○	○
Trapez	○	○	○	○	○	○	○	○	○	○	○

2 Ergänze jede Zeichnung so, dass die genannten Vierecke entstehen!

a) Quadrat

b) Rechteck

c) Parallelogramm

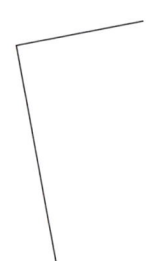

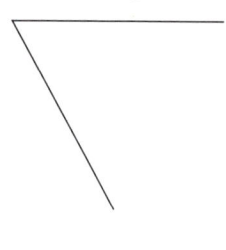

d) Trapez

e) Quadrat

f) Viereck, das kein Trapez ist

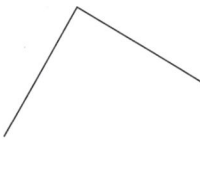

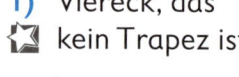

Symmetrische Figuren

1 Welche Figuren sind achsensymmetrisch?
Zeichne alle Spiegelachsen ein!

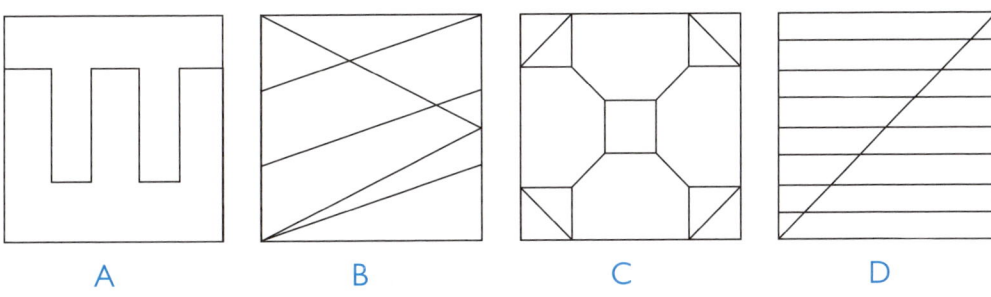

A   B   C   D

2 Ergänze zu Spiegelbildern!

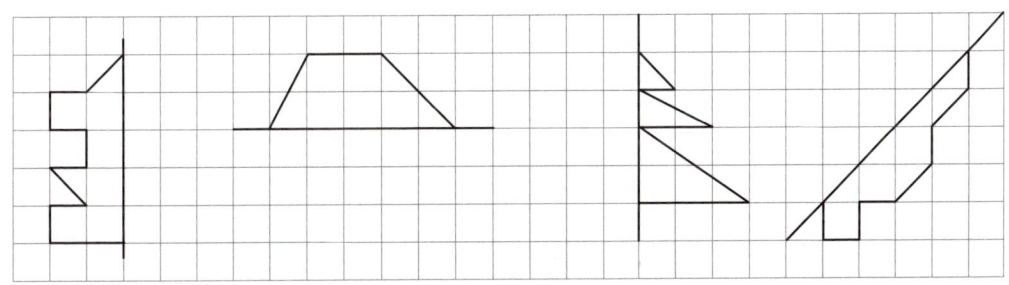

3 **a)** Beschreibe, wie du die Muster durch Falten
und Schneiden herstellen kannst! Ergänze die Faltlinien!

b) Prüfe deine Ergebnisse!

c) Entwirf selbst ein Muster, male es auf und zeige es einem Mitschüler.
und bitte ihn um eine Erklärung der Falt- und Schneideschritte!

Verschiebungen und Drehungen

1 Verschiebe jede Figur so, wie es der Pfeil angibt!

a)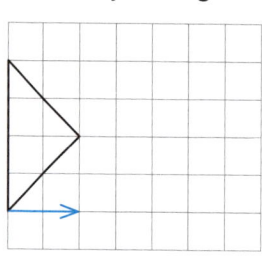

b)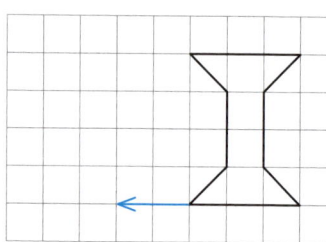

c)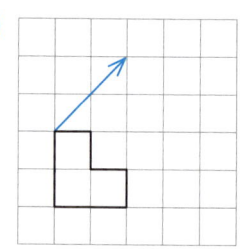

2 Setze die Muster fort!

a)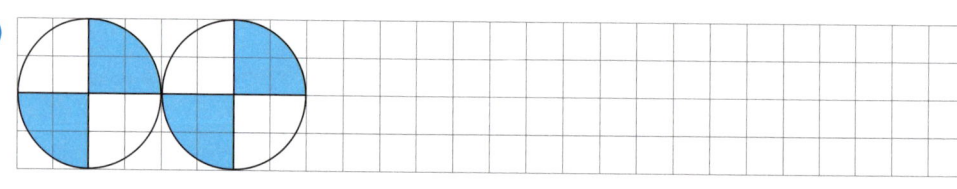

b)

3 Welche Figuren sind drehsymmetrisch? Kreuze an!

 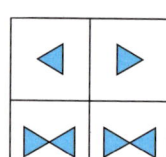  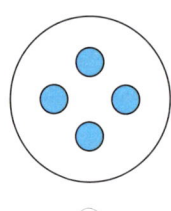

4 Ergänze immer zu einer drehsymmetrischen Figur!

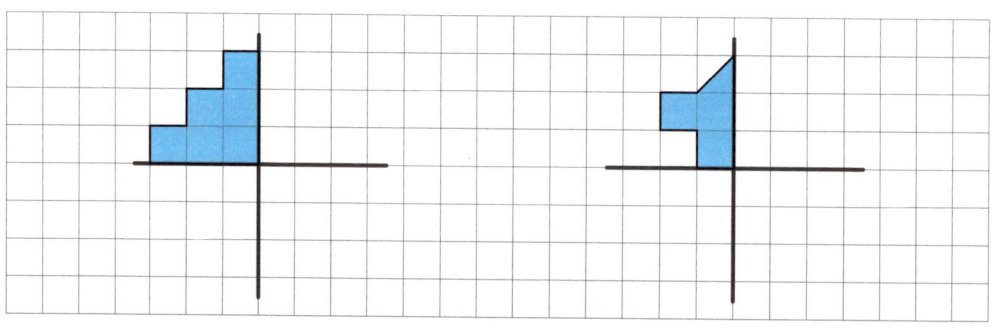

Flächeninhalt und Umfang

1 Vergleiche die Flächen nach ihren Größen und male immer die größere Fläche farbig aus!

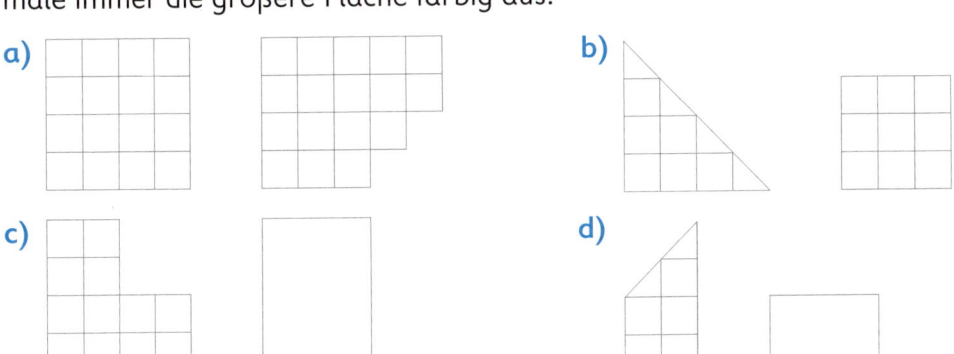

a)   b)

c)   d)

2 Aus wie vielen kleinen Quadraten bestehen die Figuren?

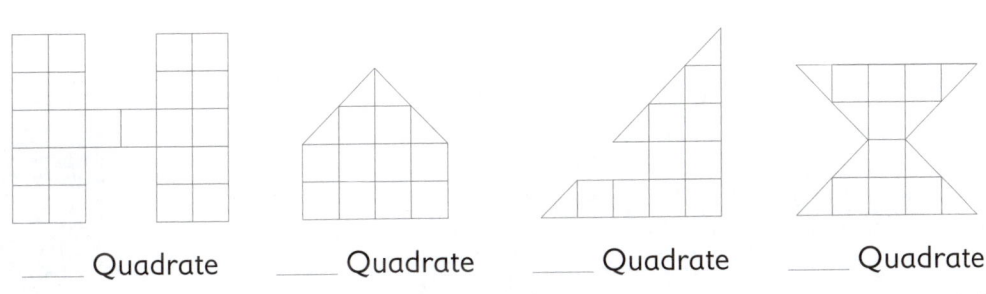

_____ Quadrate   _____ Quadrate   _____ Quadrate   _____ Quadrate

3 a) Zeichne ein Rechteck A, das 2 cm lang und 1 cm breit ist!

    b) Zeichne nun ein Rechteck B mit halb so langen Seiten!

    c) Zeichne dann ein Rechteck C, das doppelt so lange Seiten wie A hat!

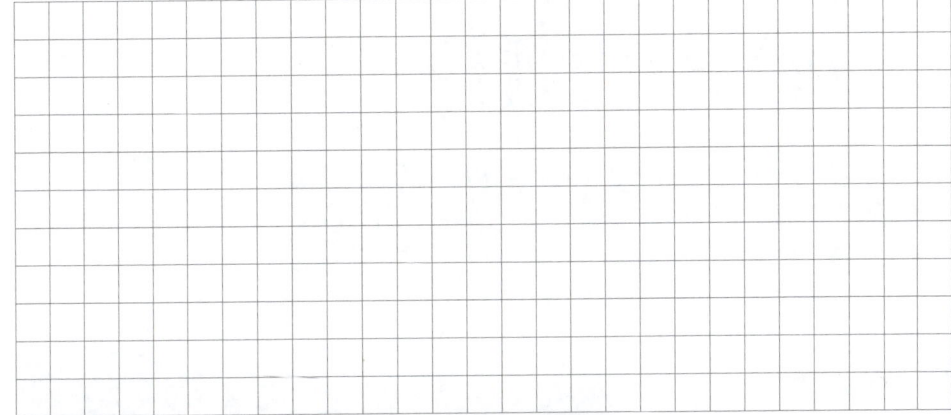

    d) Vergleiche die Flächeninhalte und die Umfänge der Rechtecke A, B und C! Was stellst du fest?

Aufgaben mit verschiedenen Rechenarten

1 Du kannst die Teilaufgabe, mit der du beginnst, unterstreichen.

$800 \cdot 7 - 6500$
$120 + 30 \cdot 500$
$320 : 4 + 9200$
$900 - 5000 : 10$

$(3200 + 800) : 50$
$(9000 - 900) : 90$
$(300 \cdot 80) - 4500$
$(1200 : 4) + 8700$

L: n. l.,
80, 90,
400,
9 000,
9 280,
15 120,
19 500

2 Ein Kind rechnet im Kopf, ein anderes mit dem Taschenrechner.
Wer ist schneller?

$36000 - 6000 : 300$
$7000 \cdot 30 - 209999$
$8000 + 8000 : 8000$
$6300 : 7 + 380100$
$8000 + (30 \cdot 700)$
$10000 - (4800 : 60)$
$2700 : (2000 - 1910)$
$400 \cdot (5000 - 4500)$

3 Setze die fehlenden Zeichen ein!

$4400 \bigcirc \quad 4 = 1100$
$4400 \bigcirc 440 = 4840$
$4400 \bigcirc 440 = 3960$
$440 \bigcirc \quad 4 = 1760$

$6300 \bigcirc 420 \bigcirc \quad 70 = 6294$
$2500 \bigcirc 500 \bigcirc \quad 5 = 5000$
$800 \bigcirc \quad 80 \bigcirc \quad 80 = 63920$
$3200 \bigcirc 400 \bigcirc 400 = 9$

4 Wandle um!

390 min = _____ h _____ min

520 min = _____ h _____ min

7 h 30 min = _____ min

10 h 55 min = _____ min

Durchschnittsberechnungen

1 Berechne die durchschnittlichen Geldbeträge!

a)

4	8	6	€		
5	1	8	€		
4	2	5	€		
6	0	9	€		
6	0	9	€		

b)

9	9	9	€		
8	9	9	€		
7	9	9	€		
9	7	5	€		
9	7	5	€		

c)

2	1	9	0	€		
1	8	7	5	€		
1	8	0	5	€		
2	3	0	0	€		
2	3	0	0	€		

2 Berechne die durchschnittlichen Längen!

a)

5	,	1	7	m
6	,	2	5	m
3	,	9	7	m
5	,	4	9	m

b)

2	4	,	1	8	m
3	3	,	2	5	m
4	0	,	4	4	m
3	6	,	9	7	m

c)

4	1	2	,	1	5	m
4	0	4	,	9	0	m
3	9	0	,	0	2	m
4	3	0	,	0	7	m

3 Berechne die durchschnittliche Wochentemperatur!

Mo	Di	Mi	Do	Fr	Sa	So
21 °C	23 °C	22 °C	22 °C	24 °C	28 °C	30 °C

Das kann ich schon!

1 a)
$6 \cdot 80 =$
$6 \cdot 88 =$
$6 \cdot 800 =$
$6 \cdot 808 =$

b)
$9 \cdot 70 =$
$9 \cdot 700 =$
$9 \cdot 707 =$
$9 \cdot 770 =$

c)
$4 \cdot 6 =$
$4 \cdot 60 =$
$4 \cdot 600 =$
$4 \cdot 6000 =$
$4 \cdot 60000 =$

2

:	9	30	100	9 000
9 000				
3 600				
54 000				
81 000				
180 000				
630 000				

3 Überschlage zuerst, dann rechne schriftlich!

Ü: $2342 \cdot 34$ Ü: $3764 \cdot 27$ Ü: $4096 \cdot 89$

L: 79 628, 101 628, 364 544

4 Überschlage, rechne, kontrolliere!

Ü: $9000 : 3 =$
$9369 : 3 = 3$
9
03
Kontrolle: $\cdot 3$

Ü: $5682 : 6 =$
Kontrolle: $\cdot 6$

Alle 4 Rechenarten

1 Rechne immer mit dem jeweiligen Zwischenergebnis weiter!

	: 3	− 300	· 10	+ 6 000
24 000				83 000
6 660			19 200	
72 000				
180 000				
15 300				
57 000				
	3 000			
		3 800		

2

a	b		c	d
e		f		
	g		h	
i			j	
		k		
l				

waagerecht:

a) 86 000 : 1 000
c) 920 : 40
e) 2 560 − 2 354
g) 2 · 3 790
j) 3 800 − 3 730
k) 475 + 475
l) 600 · 8

senkrecht:

a) 8 200 : 100
b) 3 010 + 3 066
d) 800 · 40
f) 1 000 − 935
h) 10 000 − 1 250
i) 510 + 454
k) 36 000 : 400

3

gedachte Zahl a	das Acht-fache von a	die Hälfte von a	Addiere zu a 6 000!	Subtrahiere von a 5 000!

Auf Fehlersuche

1 Finde die Rechenfehler in jeder Aufgabe und berichtige sie!

```
  2 4 7 1        9 0 0 4        1 4 3 · 3 2        4 8 · 6 7
+ 6 3 3 5      -   7 7 4          4 2 9              2 6 8
  8 7 0 6        9 2 3 4            1 8 6              3 3 6
                                 4 4 7 6            3 0 1 6
```

Berichtigung:

....

2 Immer eine Zahl in den Folgen ist falsch! Berichtige!

a) *456, 567, 678, 789, 891*

b) *1122, 1134, 1144, 1155, 1166*

c) *8970, 8860, 8650, 8640, 8530*

....

3 Was stimmt hier nicht? Berichtige!   *Berichtigung:*

a) 300 kg = 0,3 t   b)   4 Tage = 96 h   ....

   5 l = 0,05 ml   200 s   = 5 min   ....

   $\frac{1}{2}$ m = 500 cm $\frac{1}{2}$ Tag = 720 min   ....

....

4 Hier sind römische Zahlzeichen durcheinander geraten!
Berichtige!

9 = VIIII   ....   55 = LV   ....

11 = XI   ....   60 = XL   ....

21 = IXX   ....   150 = CL ....

30 = XXVV   ....   149 = CIL ....

....

5 Lege immer ein Stäbchen so um,
dass eine richtig gelöste Aufgabe entsteht!

XI+V=V   IX−VI=V

Zufallsexperimente

1   Aus den Würfelnetzen kannst du Würfel bauen.
Wie kannst du die Würfelnetze ausmalen,
damit die beschriebene Fläche oben liegt?

Blau ist sicher.	Blau und Grün sind wahrscheinlicher als Gelb.	Blau und Grün und Gelb sind gleich wahrscheinlich	Grün ist sehr wahrscheinlich.

2   Vergleiche die Glückskreisel!
Mit welchem der beiden Glückskreisel hast du
die größeren Gewinnchancen? Kreuze an!

a) Blau gewinnt   **b)** Weiß gewinnt   **c)** Gestreift gewinnt

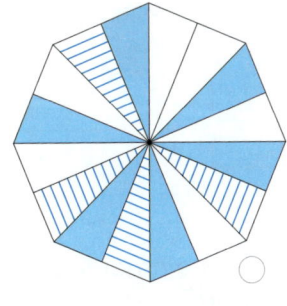

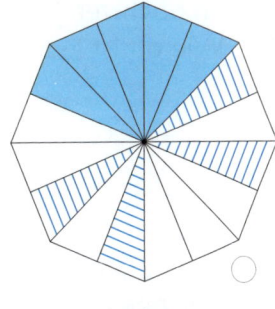

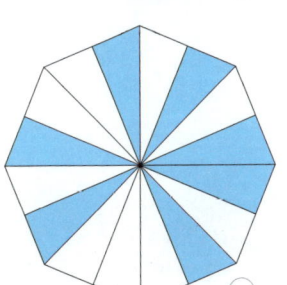

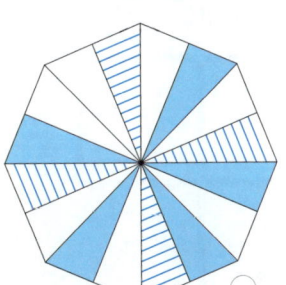

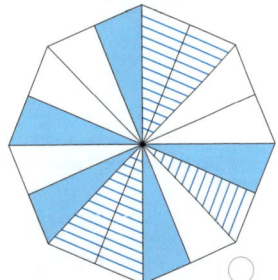

Aus der Knobelkiste

1 Immer zwei Begriffe gehören zusammen.
Bilde Paare!

Summand, Quader,
Teiler, ml, Produkt,
Länge, Summe,
Differenz, Recht-
eck, Rauminhalt,
mm, Vielfaches,
Minuend, Quotient,
Würfel, Quadrat

_____ und _____

_____ und _____

_____ und _____

_____ und _____

_____ und _____

_____ und _____

_____ und _____

_____ und _____

2 In einer Zaubertruhe befinden sich Goldmünzen,
die sich nach jedem Tag verdoppeln.
Nach 2 Wochen ist die Truhe voll.
Nach wie vielen Tagen war die Truhe halbvoll?

_____

_____

_____

3 In der Familie Altmann sagen Opa, Vater und Sohn von sich:
„Jeder von uns ist in diesem Jahr ein Vielfaches von 7 Jahren und
im nächsten Jahr ein Vielfaches von 5 Jahren alt."
Wie alt ist jeder?

_____

_____

_____

4 Lege 2 Stäbchen so um, dass einmal 4 und einmal 6 Quadrate entstehen!
Zeichne deine Lösungen auf!

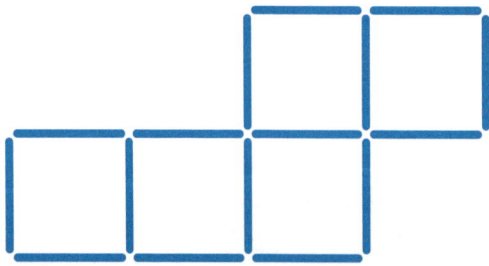

Lagebeziehungen und Zahlanordnungen

1 a) Rechts oder links?

Lisa sieht

Ole _____ von Pia,

Pia _____ von Tim,

Tim _____ von Ole.

Pia sieht

Ole _____ von sich,

Tim _____ von sich,

den Baum _____ von sich.

b) Stellt euch gegenseitig solche Aufgaben!

2 a) Finde im Zahlenfeld!

- die kleinste Zahl: ☐
- die größte Zahl: ☐
- alle ungeraden Zahlen:

900	774	126	312	438	0
99	100	6	600	660	14
999	678	21	912	234	1
543	234	777	7	111	13

_____

_____

b) Finde versteckte Aufgaben! Achte dabei auf alle Rechenarten!

Beispiel:

126
6
21

1 2 6 : 6 = 2 1

oder

2 1 · 6 = 1 2 6

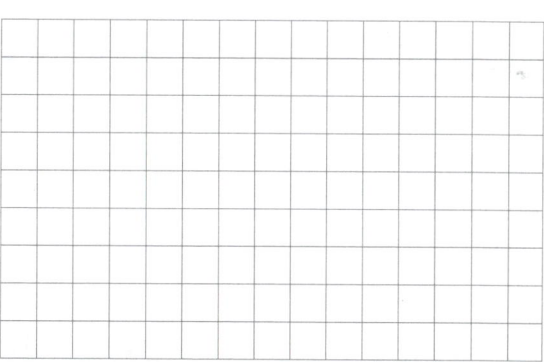

Hinweise zu den Aufgaben

- Finde und probiere eigene Lösungsideen!
- Lerne gemeinsam mit anderen!
- Übe und prüfe, was du schon kannst!
- Aufgepasst! Eine schwierigere Aufgabe!
- Zeichne!
- Lies die Zahlen! Erfinde Aufgaben dazu!

Wiederholung: Addieren und Subtrahieren bis 1000

1 Entscheide selbst, welche Zwischenschritte du aufschreibst!

540 + 230	650 + 28
350 + 650	270 + 35
470 + 260	740 + 86
290 + 290	358 + 62

L: 305, 420, 580, 678, 730, 770, 826, 1000

2 Entscheide selbst, welche Zwischenschritte du aufschreibst!

760 − 48	1000 − 280
920 − 24	790 − 370
630 − 60	450 − 290
840 − 75	539 − 529

L: 10, 160, 420, 570, 712, 720, 765, 896

3

+	7	50	78	300	180
300					
620					
432					

L: 307, 350, 378, 439, 480, 482, 510, 600, 612, 627, 670, 698, 732, 800, 920

4

−	6	40	63	500	250
800					
780					
987					

L: 280, 300, 487, 530, 550, 717, 737, 737, 740, 760, 774, 794, 924, 947, 981